BUONE NUOVE
GOOD NEWS

DONNE IN ARCHITETTURA
WOMEN IN ARCHITECTURE

a cura di
edited by
Pippo Ciorra, Elena Motisi, Elena Tinacci

Forward

Alessandro Giuli
Fondazione MAXXI, President

Good News for the world of architecture, in Italy and around the world: women working in the field of architecture are growing in number and in prestige thanks to the undisputed quality of their work. This is certainly good news. What is no news is the presence of women operating in this sector in various capacities—as architects, designers, historians, critics, teachers—since 1890 when Signe Hornborg in Finland and Sophia Hayden in the United States officially became the first women to graduate in architecture. This journey started back then and has continued all the way to our present day often along a rocky path. A story that MAXXI—a plural, open museum and, most importantly, an institution that has always been attentive to contemporary issues—has chosen to narrate using the tools of a cultural institution, such as a research program, its collections, and an exhibition.

Good News is a great research project exploring an area on the border between the past and our contemporary times: a twofold project as is the activity of MAXXI and its collections. If on the one hand *Good News* has dedicated considerable space to the reconstruction of buried, forgotten, or little-known stories of women who have left tangible traces, on the other, thanks to the survey and selection work carried out by the curators and through the internationally prestigious designers involved in the project, this exhibition turned out to be an occasion to reflect on the fact that the very growth of the presence of women in the universe of the exhibition coincides with a series of epochal changes in the relationship between architecture and society, between the structures of power and the active players, between community and space. The exhibition has also been an occasion to enhance the Museum's collections, a heritage that must be preserved but also shared through the exhibition and now this publishing project, illustrating in an unprecedented way themes and personalities, offering viewers and readers inspiring content for a shared reflection.

Ultimately, *Good News* is an imposing collective manifestation, a choir of voices and also of stories and projects reflecting an optimistic approach from its very title: an invitation to read the current situation captured by the exhibition and this publication as a positive condition, not only for women architects but for architecture as a whole.

Prefazione
Alessandro Giuli
Presidente Fondazione MAXXI

Buone nuove arrivano dalla scena dell'architettura, in Italia e nel mondo:
le donne impegnate nella disciplina architettonica sono sempre più forti
per il numero e per il prestigio di cui godono grazie a un'indiscussa qualità
comprovata nell'esercizio della professione. Questa è senz'altro una buona
notizia. Mentre ciò che non è affatto una novità è la presenza di figure
femminili a vario titolo legate a questo settore disciplinare – progettiste,
designer, storiche, critiche, docenti –, a partire dal 1890, anno in cui
Signe Hornborg in Finlandia e Sophia Hayden negli Stati Uniti vengono
consacrate alla storia come le prime donne laureate in architettura. Una
storia che da allora prende avvio e poi, seppure spesso lungo un cammino
accidentato, arriva a oggi. Una storia che il MAXXI, museo plurale, aperto
e soprattutto da sempre attento ai temi della contemporaneità, ha scelto di
raccontare, con gli strumenti propri della sua natura di istituzione culturale,
attraverso un programma di ricerca, le collezioni e una mostra.

    Buone nuove è infatti un grande progetto di ricerca tra passato e
contemporaneità, duplice come è la natura del lavoro del MAXXI e delle
sue collezioni. Se infatti da una parte *Buone nuove* ha dedicato uno spazio
importante alla ricostruzione di storie sepolte, dimenticate o poco conosciute
di figure femminili che hanno lasciato tracce tangibili, dall'altra, grazie al
lavoro di ricognizione e selezione svolto dai curatori, attraverso firme di rilievo
internazionale coinvolte nel progetto, si è rivelata anche un'occasione per riflettere
sul fatto che questa crescita della presenza femminile nell'universo della mostra
coincide con una serie di cambiamenti epocali nel rapporto tra architettura e
società, tra strutture di potere e soggetti attivi "sul campo", tra comunità e spazio.
La mostra ha inoltre rappresentato un'occasione per valorizzare le collezioni del
museo, patrimonio da conservare ma anche condividere attraverso un progetto
espositivo – ora editoriale – che mette in scena in modo inedito temi e figure per
porgere ai propri visitatori/lettori spunti per una riflessione comune.

    Buone nuove è insomma un'imponente manifestazione collettiva, un
coro di voci ma anche di storie e progetti, che esprime ottimismo sin dal titolo:
un'esortazione a leggere la situazione attuale fotografata dalla mostra e da questo
volume come condizione positiva, non solo per le architette ma per l'architettura tutta.

Introduction
Margherita Guccione

Good News. Women in Architecture is not an ideological exhibition;
it's an anthological exhibition. Nor is it only an architecture exhibition,
because it also documents and captures a sociological condition and a general
anthropological change through the lens of architecture as a profession
and discipline. It is thus an initiative in keeping with the research carried out
by the Museum of Architecture and in general with the mission MAXXI
as cultural institution has been carrying out on the most contemporary
national and international scenes.

Believing that a true understanding of our present and a
prefiguration of the future are impossible without the study of our recent
past, this exhibition has brought together, in its four main sections, different
temporal dimensions described via a variety of contents and display formats:
from in-depth historical accounts in the *Stories*, to documentation of
the current situation in the professional *Practices* of women acting on
the contemporary scene, in the *Narratives* of the twelve women invited to
expand upon subjects related to women's presence in architecture, all the way
to the *Visions* imagining new spaces designed with gender awareness.

A research conducted with the right dose of tenacity, in order
to find on the pages of history of architecture the many figures that had
been left in the shadows; a research conducted under the valuable scientific
guidance of Maristella Casciato and with Elena Tinacci's accuracy; a research
that has truly shed light, through a list of names—names of architects,
critics, activists, multidisciplinary collectives—on the fact that women in
architecture have not been rare birds in an all-male-dominated world where
only a few particularly charismatic chosen ones were able work,
but rather fully integrated professionals operating in a varied and
multifaceted sector. A sector transformed by the growing participation
of women who have progressively developed an all-feminine capacity
to systematically contribute with their different competences, talents,
and creativity.

In piecing together this historical journey leading us all the way to
the present day, the exhibition has also provided the opportunity to search

Introduzione
Margherita Guccione

Buone nuove. Donne in architettura non è una mostra ideologica, è una mostra antologica. E non è soltanto una mostra di architettura, perché documenta e fotografa una condizione sociologica e un cambiamento antropologico generale attraverso la lente della professione e della disciplina architettonica. È dunque un'iniziativa che è stata concepita sia nel rispetto delle linee di ricerca del Museo di Architettura, sia nell'ambito della più ampia missione che il MAXXI, come istituzione culturale, porta avanti sulla scena nazionale e internazionale più contemporanea.

Convinti che non si possa capire a fondo l'oggi né tanto meno prefigurare il futuro senza lo studio del nostro passato recente, l'esposizione tiene insieme, nelle sue quattro sezioni principali, diverse dimensioni temporali declinate con contenuti e modalità espositive differenti: dal racconto storico approfondito nelle *Storie*, alla documentazione della situazione attuale attraverso le *Pratiche* di realtà professionali al femminile attive sulla scena contemporanea e tramite le *Narrazioni* delle dodici testimoni dirette chiamate a rispondere sui temi legati alla presenza femminile in architettura, sino alle *Visioni* in cui si immaginano spazi inediti disegnati, anche, in funzione del genere.

La ricerca portata avanti con una caparbietà che definirei necessaria per andare a ritracciare tra le pagine della storia dell'architettura tante figure rimaste in ombra, con la preziosa guida scientifica di Maristella Casciato e l'accurato lavoro di Elena Tinacci, ha realmente consentito di fare luce, attraverso una lista di nomi – cui corrispondono professioniste, critiche, attiviste, collettivi interdisciplinari –, sul fatto che le donne in architettura non sono mosche bianche in un mondo professionale a esclusiva egemonia maschile, in cui solo poche elette particolarmente carismatiche hanno potuto operare, bensì figure del tutto inserite in un settore disciplinare vario e articolato. Un settore trasformato dalla crescente partecipazione delle donne che hanno progressivamente sviluppato una capacità tutta femminile di mettere a sistema competenze, talenti e creatività di diversa provenienza.

Nel costruire questo percorso storico che arriva all'oggi, la mostra ci ha anche fornito l'occasione per guardare all'interno delle nostre collezioni,

our collections, to shed light on women, who are certainly there but in far less number compared to men, and whose presence luckily is being increasingly attested thanks to the valuable work of the many women architects whose activity the museum has been following and acquiring over the last years.

The *Good News* exhibition itself after all has been an opportunity to increase the collective cultural heritage of which the MAXXI architecture collections are part, thanks to the trust international contemporary architects have placed in the museum, donating material to our collections. These gestures are the coronation of the museum's relationships with the architectural firms involved, relationships fueled by the extraordinary accord that manifested itself in working together towards creating a narrative that the authors themselves, in collaboration with Pippo Ciorra and Elena Motisi, decided to showcase. The great participation and clear interest shown by all of them towards our exhibition project has been for us a further reason to reflect on the "soundness," if not the necessity, of the exhibition itself, as well as being a reason for us to appreciate the international repute that MAXXI enjoys.

The museum today speaks of women working in architecture, draws a global and diachronic map of the personalities that have contributed to this discipline for over a century, in order to trace a new gender geography encompassing increasingly articulated realities, reflecting a world—one also beyond the professional sphere—that is becoming increasingly complex and ever-changing. As with previous exhibitions such as *Energy* and *Re-cycle*, MAXXI not only directs its attention to wider scope issues and topical subjects, but also uses disciplinary research and the exhibition format to share with its viewers general reflections that looking into the present and into the past disclose new perspectives on future but not so distant horizons.

per mettere in luce le figure femminili che, pur presenti, non sono certo molte se confrontate con quelle maschili, ma fortunatamente sempre più attestate grazie al lavoro di qualità di tante architette che il museo sta monitorando e acquisendo negli ultimi anni.

La stessa mostra *Buone nuove* del resto si è rivelata un'opportunità di incremento del patrimonio culturale collettivo di cui le collezioni di architettura del MAXXI fanno parte, grazie alla fiducia accordata al museo da alcune delle progettiste della scena internazionale contemporanea che hanno scelto di cedere materiali per le nostre collezioni. Ultimo atto di un rapporto, quello con gli studi di architettura coinvolti, alimentato da una sorprendente sintonia nel lavoro comune ai fini del racconto dei contenuti che le stesse autrici, di concerto con Pippo Ciorra ed Elena Motisi, hanno deciso di mettere in scena. La grande disponibilità e il manifesto interesse mostrati da tutte loro verso il nostro progetto espositivo sono stati per noi un ulteriore motivo di riflessione circa la "correttezza", se non addirittura la necessità, della mostra stessa, nonché di soddisfazione per la reputazione di cui il MAXXI gode su scala internazionale.

Il museo dunque parla oggi di donne in architettura, disegna una mappatura globale e diacronica delle figure che hanno alimentato la disciplina per oltre un secolo, per arrivare a tratteggiare una nuova geografia di genere che tiene insieme realtà sempre più articolate, specchio di un mondo – non solo professionale – sempre più complesso e in continuo cambiamento. Il MAXXI, come già avvenuto in passato con mostre come *Energy* o *Re-cycle*, non solo è attento a temi di più ampio respiro e di stringente attualità, ma sfrutta la ricerca disciplinare e lo strumento espositivo per condividere con i propri visitatori riflessioni di carattere generale che, guardando al presente e al passato, aprono nuove prospettive verso orizzonti già vicini.

Good News

Good News is an exhibition intended to recount the changes taking place in the world of architecture. In the span of a few decades, we have moved from the passively accepted stereotype of the "one-man-driven" architecture studio to a far more complex, diverse professional and cultural geography. Today's "architecture firms" feature articulated, changeable *formats* that include couples, collectives, and all kinds of variable configurations. However, it is above all the increasingly strong, important presence of women—involved in various capacities in the productive fabric and creative dimension of architecture—that characterizes our architectural era today. The growing presence of women in the universe of architecture coincides with a series of historic changes in the relationship between architecture and society, between structures of power and subjects active "in the field," between communities and space.

    Good News recounts this anthropological and professional change along four main *directions*.

    The first direction, which in the exhibition was laid out on a set of tables, is entitled *Stories*: a vast archive of women capable of bringing about accelerations and radical turning points in the many "professions" connected to architecture, such as architectural design, theory, writing, teaching, and social commitment. The *Stories* follow this evolution from the very dawn of modernity, starting with the first woman to graduate in architecture in 1890, through to the youngest, most interesting players on the current scene.

    The second direction taken by the exhibition focuses on a number of major international *Practices*, including eleven architects/groups particularly representative of new contemporary ways of organizing architectural studios. Their displays show exemplary cases, not only for the obvious quality of the single projects, but also for the variety of contexts and professional geometries they testify to: women designers leading large studios, working alone, collaborating with other women or with a partner, participating in collectives, and fighting to uphold the value of (professional) equality in the most diverse political and cultural realities.

    The third direction is entitled *Narratives*: twelve key professionals and influential opinion leaders (teachers, authors, theorists, architects,

Buone nuove

Buone nuove è un progetto che racconta un cambiamento importante in corso nel mondo dell'architettura. Nel giro di qualche decennio siamo infatti passati dallo stereotipo universale di studi con "un uomo solo al comando" a una geografia professionale e culturale molto più complessa e diversificata. Gli studi di architettura hanno oggi "formati" complessi e mutevoli che includono coppie, collettivi e compagini variabili di ogni tipo. Ma è soprattutto la presenza sempre più forte e autorevole delle donne, variamente inserite nel tessuto produttivo e nel panorama creativo, a caratterizzare il nostro tempo architettonico. La crescita della realtà femminile nell'universo del progetto coincide infatti con una serie di cambiamenti epocali nel rapporto tra architettura e società, tra strutture di potere e soggetti attivi "sul campo", tra comunità e spazio.

    Buone nuove intende raccontare questo cambiamento antropologico e professionale articolandolo in quattro "direzioni" principali.

    La prima, raccolta nella mostra in otto diversi tavoli, è quella delle *Storie*, un ampio archivio di figure femminili capaci di imprimere accelerazioni e svolte radicali ai molti "mestieri" legati all'architettura: progettazione, teoria, scrittura, insegnamento, impegno sociale. Le *Storie* seguono questa evoluzione fin dagli albori della modernità, a partire dalla prima laureata in architettura del 1890, fino agli esempi più giovani e interessanti del panorama attuale.

    La seconda lettura della mostra è focalizzata su alcune significative *Pratiche* internazionali e comprende undici autrici/gruppi particolarmente rappresentativi dei nuovi modi di pensare oggi gli studi di architettura. I loro display mettono in scena casi esemplari, non solo per la qualità evidente dei singoli progetti, ma anche per la varietà dei contesti e delle geometrie professionali che testimoniano: progettiste che guidano grandi studi, che lavorano da sole, collaborano con altre donne o con un partner, partecipano a collettivi, lottano per affermare il valore dell'uguaglianza (professionale) in realtà politiche e culturali tra le più diverse.

    La terza presenza nella mostra è quelle delle *Narrazioni,* in cui dodici protagoniste e *opinion leader* autorevoli e riconosciute (docenti,

and museum and foundation directors) in twelve interviews share their personal experiences and views on this evolution.

The fourth direction explored by the *Good News* exhibition is *Visions*, consisting of five video works by young authors selected through the *Future Architecture Platform* European network, works looking beyond the question of "equality" so as to investigate the broader field of the relationship between "gender and space" in terms of power of representation, relational hierarchies and the perception of everyday spaces.

Besides the *Visions* video works, *Good News* includes another, ambitious, commissioned project entitled *Unseen*, an installation work by Frida Escobedo dedicated to Anni Albers, to Mexico, and to invisibility. The theme of this project is a famous creation the Bauhaus heroine developed for the grand hotel Camino Real in Mexico City. The exquisite and colorful "hyper-Mexican" carpet made by Albers for the grand hotel had been considered lost for many years. A team of historians, researchers, and restorers found it and brought it back to life. Escobedo followed this story closely and produced a "new" carpet for the *Good News* exhibition, turning it into an opportunity to reflect on time as a space of disappearance and reappearance, on absence as an incentive for interpretation, on architectural space as an open device disconnected from a purely constructive dimension.

autrici, teoriche, direttrici di musei e fondazioni, progettiste) raccontano in altrettante interviste le loro esperienze personali e il loro punto di vista su questa evoluzione.

La quarta tematica da affrontare nel progetto *Buone nuove* è quella delle *Visioni*, cinque opere video realizzate da giovani autori selezionati attraverso il network europeo Future Architecture Platform, che guardano oltre la questione della "parità" per investigare il campo più ampio del rapporto tra "genere e spazio", in termini di potere della rappresentazione, gerarchie relazionali e percezione dei luoghi della quotidianità.

Oltre a *Visioni*, *Buone nuove* comprende anche un – ambizioso – progetto di committenza, *Unseen*: un'opera installativa di Frida Escobedo dedicata ad Anni Albers, al Messico e alla questione dell'invisibilità. Tema di quest'opera è un famoso lavoro dell'eroina Bauhaus per l'albergo Camino Real di Città del Messico. Il raffinato e coloratissimo tappeto "ipermessicano" realizzato da Albers per il grande albergo era da molti anni considerato perduto. Un team di storici, ricercatori e restauratori l'ha ritrovato e riportato in vita. Escobedo ha seguito la vicenda da vicino e ha prodotto per *Buone nuove* un "nuovo" tappeto, un'occasione di riflessione sul tempo come territorio di sparizione e di ricomparsa, sull'assenza come spinta all'interpretazione, sullo spazio architettonico come dispositivo aperto e non legato alla pura dimensione costruttiva.

NARRATIVES
NARRAZIONI

Architecture in Transition

Pippo Ciorra

This Time This Place

It takes some courage today for a museum like MAXXI to tackle the topic of gender issues in the field of architecture. The chances of taking a false step are countless. First of all, we must consider the context in which we operate, Italy, which compared to other western countries is generally—and perhaps a little superficially—considered not so avantgarde in the ambit of battles regarding these contemporary issues. Another aspect, is the intrinsically slippery topic of gender, at a time when the risk of appearing compliant with a *binary vision* of the geography of sexes (women vs men) may suffice to place us at the margins of the conversation. Not to mention the fact that it is impossible to be exhaustive with this kind of research ("all women in architecture?") or to hope to avoid a certain numeric prevalence of western examples, of women-architects who are by now recognized global stars, and of "buildings" alluding to a still not sufficiently self-critical approach in relation to the idea of architecture as a discipline gleefully participating in the destruction of our planet.

We should also mention, to conclude this list of pre-occupations, that over the last few years there certainly has been no shortage of exhibitions, books, papers, and conferences covering the subject of women and architecture (or design).[1] A final but

---

1   A few examples: the books Jane Rendell, Barbara Penner, Iain Borden (ed.), *Gender Space Architecture* (London: Routledge, 1999); Lynne Walker, Elizabeth Darling (ed.), *AA Women in Architecture 1917–2017* (London: AA Publication, 2017); the exhibition *Here We Are! Women in Design 1900 – Today*, Vitra Design Museum, Weil am Rhein, 23.09.2021–06.03.2022.

Architettura in transizione
Pippo Ciorra

Questo tempo, questo luogo
Un museo come il MAXXI necessita oggi di un certo coraggio
per affrontare la questione di genere in architettura. Le possibilità
di mettere il piede in fallo sono infinite. A partire dal contesto
in cui operiamo, quello italiano, che in genere, e forse un po'
superficialmente, è considerato non proprio all'avanguardia nelle
battaglie sulle *issues* contemporanee rispetto ad altri paesi occidentali.
Poi c'è la scivolosità intrinseca nel parlare di genere in un tempo
nel quale il solo rischio di apparire condiscendenti rispetto a una
visione binaria della geografia dei sessi (donne *vs* uomini) può
bastare per ritrovarsi ai margini del discorso. Per non parlare poi
del fatto che volendosi applicare a una ricerca di questo tipo è
comunque impossibile pensare di essere esaustivi («tutte le donne
dell'architettura?») o sperare di evitare una certa prevalenza numerica
di esempi occidentali, di donne-architetto che sono ormai riconosciute
star globali, di "edifici", che quindi alludono a un approccio ancora
non abbastanza autocritico nei confronti dell'idea di architetto come
soggetto che partecipa allegramente alla distruzione del pianeta.

Va anche detto, per concludere le *pre-occupatio*, che
volendo parlare di donne e architettura (o design) non sono di certo
mancate negli ultimi anni mostre, libri, studi e convegni dedicati al
tema[1]. L'ultimo, ma non meno evidente, scoglio da superare è infine

---

1   Alcuni esempi: i volumi *Gender Space Architecture. An Interdisciplinary
Introduction*, a cura di J. Rendell, B. Penner, I. Borden, Routledge, London 1999; *AA
Women in Architecture 1917-2017*, a cura di L. Walker, E. Darling, AA Publication,
London 2017; la mostra *Here We Are! Women in Design 1900 – Today*, Weil am Rhein,
Vitra Design Museum, 23 settembre 2021 - 6 marzo 2022.

not less visible obstacle we must consider is that of a tradition among major Italian women architects of being markedly hostile to a gender-oriented approach in architecture and in professions in general: Gae Aulenti, Cini Boeri, not to mention the "anti-feminist" Bo Bardi, essential milestones in our narration of architecture, were inclined to indignantly refuse any reference to them being "women architects" for reasons that could be object of scholarly investigation, and who perhaps would not have been too willing to be included in this exhibition.

Nevertheless, and being perfectly aware of the perilous journey we were embarking on, we thought this project would definitely be worth the risk, believing that the reasons to carry it out decidedly outnumbered our doubts, and that the many risks entailed in this operation would be compensated by a long list of positive effects that we will try to highlight in the continuation of this text.

Transition
The first great theme of this exhibition—the first transition this text will address—is connected to the entire professional system of architectural production. The image we had in mind when pitching the exhibition project to the museum's board of directors wasn't so much that of a woman architect, but—on the contrary—a photo of good old Mies van der Rohe effortlessly sitting with a cigar in his mouth in a chair he had designed himself.[2] A single *man* in command, so to speak, the single man who put his name on the entire project, from concept definition (the design of the shape of the chair) to fruition as professional throne for himself (probably in his own conference room), the man who was also responsible for knowledge transmission, since the photo—that clearly belongs to Mies' American period—was associated with the Bauhaus epic. Symmetrical to Mies' photo, to remain in the Bauhaus area, we ideally juxtaposed the famous photograph of the

2   Mies van der Rohe, MR Chair, 1927.

quello di una tradizione interna di grandi autrici italiane decisamente
ostili a un approccio *gender-oriented* in architettura, e nel mondo
delle professioni in genere. Gae Aulenti, Cini Boeri, per non parlare
dell'"antifemminista" Bo Bardi, pietre miliari essenziali per la
nostra narrazione architettonica, tendevano a rifiutare con sdegno
ogni riferimento al loro essere "donne-architetto", per ragioni che
potrebbero essere esse stesse oggetto di studio, e forse non avrebbero
acconsentito volentieri a essere inserite come tali in questa rassegna.

Ciononostante, ed essendo ben consapevoli del percorso
accidentato che avevamo davanti, abbiamo pensato che valesse
la pena di rischiare, convinti che le ragioni per realizzare questo
progetto fossero decisamente maggiori dei dubbi. E che i molti rischi
dell'operazione potessero essere ben compensati da una lunga lista di
effetti positivi, che cercheremo di mettere in evidenza nel prosieguo
di questo testo.

Transizione

Il primo grande tema della mostra – la prima transizione cui allude
il titolo di questo testo – ha in realtà a che fare con l'intero sistema
professionale legato alla produzione dell'architettura. L'immagine
che avevamo in mente mentre proponevamo la mostra al *board*
dei direttori del museo non era tanto quella di una donna architetto,
ma – al contrario – quella del buon vecchio Mies van der Rohe,
seduto con aria disinvolta e con un sigaro in bocca su una sedia
da lui stesso disegnata[2]. Un *uomo* solo al comando, insomma, che
marca l'intero percorso del progetto, dall'intuizione iniziale (la forma
della sedia) alla sua funzione come trono professionale per l'autore
(che immaginiamo nella sala riunioni del suo grande studio),
fino alla responsabilità della trasmissione del sapere, dato che la foto
– che pure appartiene con evidenza al periodo americano di Mies –
viene comunque associata all'epico Bauhaus. Simmetrica a quella
di Mies, tanto per restare in area Bauhaus, collocavamo idealmente
la famosa fotografia della donna non identificata con la maschera

2   Mies van der Rohe, MR Chair, 1927.

unidentified woman wearing a Schlemmer mask,[3] "generated" by the pure intersection of the creative geniuses (Schlemmer, Breuer, Moholy-Nagy) around her faceless body. So the first evidence we are looking for in *Good News* is that the twentieth-century professional and cultural mono-structure with one (or more) men at the apex of a pyramid, a pyramid that may expand to thousands of employees, is no longer the only possible productive structure (together with that of a small family-run studio) in the world of architecture. The change this exhibition has allowed us to detect is not only limited to the presence of women, but also encompasses the existence a plurality of professional geometries reflecting a diverse and multicolored range of multiple formats of architecture production. In this case, growing gender diversity is not the essential aspect, but in this exhibition this has certainly helped bring to the fore the presence of professional structures with a variable geometry, as is the case of Sejima and Nishizawa's studio (and SANAA),[4] of offices with a variable composition translating into different formations in correspondence to specific work assignments, of couples and "duos" (from the many young Chilean studios to the very authoritative Grafton Architects), and of Assemble-like collectives referring to and relaunching flexible forms of association that had already dominated the scenes in the 1970s. As previously written, this diversification is linked to several factors, ranging from economic pressure, digital collaborative ductility, to the political and activistic character of many contemporary professional practices, mostly undertaking guerrilla strategies to draw architecture closer to engagement, than to a mere war for professional affirmation. What is certain however is that the increase of female (or non-male) presences in this scenario appears like a

3   See also: Elizabeth Otto, Patrick Rossler, *Bauhaus Women. A Global Perspective* (London:Herbert Press, 2019).
4   The commissioner-architect relationship is particularly interesting with the Sejima-Nishizawa studio where clients can hire the architects individually or SANAA as a whole. The distribution of works depends on various factors, such as scale, function, commissioner's preferences, etc.

di Schlemmer[3], "generata" dal puro incrocio dei geni creativi che si incontrano (Schlemmer, Breuer, Moholy-Nagy) intorno al suo corpo senza volto. Ecco, la prima prova (*evidence*) che cerchiamo in *Buone nuove* è che quella monostruttura professionale e culturale novecentesca con uno (o più) uomini al vertice di una piramide, che nei casi maggiori può arrivare fino a migliaia di dipendenti, non è più l'unica modalità produttiva possibile (insieme al piccolo studio familiare) nel mondo dell'architettura. Il cambiamento che la mostra ci consente di rilevare non è quindi limitato alla presenza femminile, ma coinvolge una pluralità di geometrie professionali che rendono oggi il ventaglio dei molti formati di produzione dell'architettura diversi e variopinti. La crescente diversità di genere non è in questo caso l'aspetto essenziale ma certamente aiuta in questa rassegna a rendere evidente la presenza di strutture professionali a geometria variabile, come avviene nello studio di Sejima e Nishizawa (e SANAA)[4], di studi/raggruppamento ad assetto variabile che si materializzano in formazioni diverse in corrispondenza di specifici lavori, di coppie e "duetti" (dai molti giovani studi cileni fino alle autorevolissime Grafton) variamente assortiti, di collettivi modello Assemble che recuperano e rilanciano forme associative flessibili che avevano già dominato la scena negli anni settanta. Come già scritto, questa diversificazione ha a che fare con molte ragioni, dalla pressione economica, alla duttilità collaborativa digitale, al carattere politico e attivistico di molte pratiche professionali attuali, occupate più in una guerriglia per avvicinare l'architettura all'*impegno,* che in una semplice guerra per l'affermazione professionale. Certo è però che la crescita della presenza femminile (o non-maschile) in questo scenario sembra un co-agente forte di questa transizione professionale, che probabilmente costituirà anche la base

3   Si veda anche: E. Otto, P. Rossler, *Bauhaus Women. A Global Perspective*, Herbert Press, London 2019.
4   La modalità del rapporto committente-progettista è particolarmente interessante nel caso del team Sejima-Nishizawa, per il quale è possibile incaricare singolarmente uno dei due architetti oppure lo studio SANAA. La distribuzione dei lavori dipende da vari fattori, quali scala, funzione, preferenze del committente ecc.

strong co-agent in this professional transition, one that is probably creating a basis on which a new professional profile, unlike those conforming to twentieth-century stereotypes, will grow.

The Italian Scene

Another small rhetorical question we have asked ourselves in this research is what is the impact of this gender transition on Italian architecture. In the past there was certainly no shortage of talented women architects in Italy, besides the three previously-mentioned heroic figures (which obviously preferred to be called "*architetto*" in the masculine form), working in studios, magazines, and universities. But the numerical disproportion is obvious and huge, to the point of considering the presence of women as a cool exception: Gae Aulenti the only woman in the *Casabella* group photos,[5] Cini Boeri endlessly dialoguing with a plethora of very authoritative Milanese colleagues, Lina Bo Bardi,[6] the rare bird of Milanese editorial staffs who then opted for self-exile, hostile to groupings related to gender or any other matter. Italy was to some extent a reflection of the global scene, with the Albers, Moholy-Nagy, Perriand, and Reich exotic presences in predominantly male group photos. The *good news* that we can extract from this exhibition is that even in Italy (at least in Italy) the situation has radically changed. The Italian presences in the *Good News* exhibition represent over 50 percent of the present national architectural leadership, women professionals who are connected to and established on the international scene, building, thinking, critiquing, teaching, and interacting with communities. As if, but we are

5   From 1955 to 1965 Gae Aulenti was the only woman part of the editorial staff of *Casabella-Continuità* directed by Ernesto Nathan Rogers. Initially she worked on the magazine's layout and graphic design.

6   In the field of architecture-at-large periodical publishing, for a long time Bo Bardi was the only woman to direct a magazine, one that was significantly on the border between architecture and popular costume. The magazine was *A*, which she directed with Carlo Pagani and Bruno Zevi from 1945 to 1946. Lina Bo Bardi was also briefly involved in the direction of *Domus* and then of *Quaderni di Domus*, again with Carlo Pagani, in 1943.

su cui far crescere in un prossimo futuro una figura professionale
rinnovata rispetto agli stereotipi del Novecento.

Scena italiana

Un'altra delle piccole domande retoriche che abbiamo posto alla
nostra ricerca è quale sia l'impatto di questa transizione di genere
sull'architettura italiana. In passato le brave architette in Italia
non sono certo mancate, a prescindere dalle tre eroine citate in
precedenza (che ovviamente preferivano farsi chiamare "architetto"),
sia negli studi professionali sia nelle riviste o nelle università. Ma la
sproporzione era evidente e abnorme, con rischio di far apparire la
presenza femminile come un'interessante eccezione: Gae Aulenti
come unica donna nelle fotografie del gruppo di «Casabella»[5],
Cini Boeri a colloquio continuo con un esercito di autorevolissimi
colleghi milanesi, Lina Bo Bardi[6] mosca bianca delle redazioni
milanesi, poi autoesiliata, ostile a raggruppamenti di genere o di altra
natura. L'Italia funzionava più o meno come un campione fedele
della scena globale, con Albers, Moholy-Nagy, Perriand, Reich,
presenze esotiche in foto di gruppo per il resto principalmente
maschili. La "buona notizia" che possiamo trarre dalla mostra è che
anche in Italia (almeno in Italia) questa condizione è decisamente
cambiata. Le presenze italiche in *Buone nuove* rappresentano più
del 50% della leadership architettonica nazionale, sono connesse e
affermate sulla scena internazionale, costruiscono, pensano, criticano,
insegnano, si attivano, sanno dialogare con le comunità. Come se,
ma qui si cammina davvero sull'orlo del precipizio, ci fosse qualcosa
che rende più faticoso per gli uomini – o forse semplicemente per

5   Gae Aulenti, unica donna, fa parte della redazione di «Casabella-
Continuità» sotto la direzione di Ernesto Nathan Rogers dal 1955 al 1965. Le sue
funzioni iniziali hanno a che fare con l'impaginazione e la grafica della rivista.
6   Sempre nel campo dell'editoria periodica di architettura e dintorni, Lina
Bo Bardi è per molto tempo l'unica donna a dirigere una rivista, non a caso posizionata a
metà strada tra architettura e costume. Si tratta di «A», che diresse con Carlo Pagani e Bruno
Zevi, dal 1945 al 1946. Bo Bardi è anche brevemente coinvolta nella direzione di «Domus»
e poi dei «Quaderni di Domus», sempre con Carlo Pagani, nel 1943.

walking a *very* fine line here, there really were something that made it harder for men—or perhaps simply only for those more tied to old professional practices—to "adapt" their way of working to a world that is changing, that has new and more complex needs, that must pair the pursuit of "beauty and function" with variables connected to aspects such as the environment, energy, relationships between communities, inclusion (of course), geopolitics and geoanthropology.

Individual Awareness

Over the past years, through exhibitions and other initiatives, we tried to bring to the fore architects who before any other sensed an oncoming ontological change. Authors who understood that the interactions between *earth* and *world* were fragmenting and could no longer be addressed as we used to in the twentieth century, by dividing ourselves in dialectically opposing masses and creating groups or *movements* writing "papers" or manifestos (although some still do that).[7]

Today the situation is radically different. It is hard to identify an enemy ready to take up the challenge, or a visible power to fight against in a world where each and every one of us is a bit of everything and its opposite, depending on the persona we are interpreting at that moment.[8] Some of the authors included in this exhibition appear to have understood before others that the conflict between knowledge and present must be divided into scenarios that are as reduced and controllable as possible, into a sort of politicized intimacy, brought to a scale where the relationship with the material, with the client, with the place, can be debated

7   The Bauhaus Earth (Bauhaus Erde) project, for example, which in an initiative on 9 and 10 June 2022 presented at MAXXI and then in the Vatican "a charter for the city and the earth," in the presence of Ursula von der Leyen and in connection with the New European Bauhaus program. The central focus of this "charter" was the choice of using alternative materials—in particular bamboo—for construction. See: https://www.bauhauserde.org/initiatives/reconstructing-the-future-for-people-and-planet-conference.

8   Regarding the relationship between identity, authorship and project, see *Vesper. Journal of Architecture, Arts&Theory*, no. 2, *Materia-Autore*, 2020.

quelli più legati alle vecchie pratiche professionali – "adattare" il loro modo di lavorare a un mondo che cambia, che ha nuove e più complicate esigenze, che deve mettere vicino alla ricerca del "bello e funzionale" anche variabili che hanno a che fare con l'ambiente, l'energia, i rapporti tra le comunità, l'inclusione (appunto), la geopolitica e la geoantropologia.

Consapevolezza individuale

Negli anni scorsi, in mostre e altre iniziative, abbiamo cercato di mettere in evidenza progettisti che prima di altre e altri hanno colto nell'aria un cambiamento ontologico. Autori che hanno compreso che le relazioni tra *terra* e *mondo* andavano frammentandosi e che non era più possibile affrontarle come si faceva nel Novecento, dividendosi in masse dialetticamente contrapposte e mettendosi insieme in gruppi e *movimenti* che scrivevano "Carte" e manifesti (c'è chi lo fa ancora)[7].

Oggi la situazione è radicalmente cambiata. È difficile identificare un nemico pronto ad accettare la sfida, o un potere visibile da combattere, in un mondo in cui ognuno di noi è un po' tutto e il contrario di tutto, a seconda dell'alias che indossa nel momento[8]. Alcune delle autrici presenti nella mostra sembrano aver compreso prima di altri che il conflitto tra conoscenza e presente andava ripartito e separato in scenari il più possibile ridotti e controllabili, a una specie di intimità politicizzata, a una scala alla quale il rapporto con il materiale, con il committente, con il luogo, può essere dibattuto e progettato centimetro per centimetro, snodo per snodo. E che la materia

---

7   Per esempio il progetto Bauhaus Earth (Bauhaus Erde), che in un'iniziativa del 9 e 10 giugno 2022 ha proposto al MAXXI e poi in Vaticano una «charter for the city and the earth», in presenza di Ursula von der Leyen e in collegamento con il programma europeo New European Bauhaus. Focus centrale della "Carta" è la scelta di utilizzare materiali alternativi – in particolare il bambù – per le costruzioni. Vedi: https://www.bauhauserde.org/initiatives/reconstructing-the-future-for-people-and-planet-conference.

8   Sulla questione del rapporto tra identità, autorialità e progetto si veda «Vesper. Rivista di architettura, arti e teoria», 2, *Materia-Autore*, 2020.

and designed one centimeter at a time, one point at a time.
The fact is that the existent must not be considered as an enemy
to be erased, but as a valuable ally, a starting point, a blank slate.
Judgements of value and matters of taste aside, Maria Giuseppina
Grasso Cannizzo, the representative of a generation that is not very
present in this exhibition, can be considered a good example of
this attitude: always adverse to proselytism, to academic lineage,
to the idea of making her work look like that of some predecessor,
or to being surrounded by someone whose work looked like hers.
She continued to experiment and practice, regardless of trends,
refining her technique and drawing closer to the paradoxical goal of
"non-construction." The impression we get from observing the work
of the authors and of the younger groups in this exhibition, be they
Italian or international, is that Grasso Cannizzo's "approach" has
found in the atmosphere of our time a highly efficient transmission
fluid propelled not so much by her unstoppable desire to influence
other architects' work but by a pervasive and incessant spirit of the
time. Torzo, Cianchetta, Malfona, and Terragni's works, as well as
those by more articulated studios such as Labics or Modus, just to
mention a few, appear not only to have in common the fact they
do not have a specific technical-expressive language, but also that
they are ready to strategically start from scratch at every project,
sharing a keen sensibility towards the world, accepting that each
architect, and perhaps in a different way on every occasion, may
find a different solution to transfer that sensibility in answering to
a specific design question. Design question meaning anything from
world climate and energy crisis to dialogue with a client regarding
a detail of a window. In terms of transition, this perhaps will be
the most important aspect of this exhibition's legacy, a small wave
propagating in the opposite direction, from the outskirts towards
the center, from the world to the theoretical core of architecture.

Words
Speaking of the theoretical core of architecture, *Good News* has
also been an opportunity for a reconnaissance in the theories and

esistente deve essere considerata non un nemico da cancellare ma un alleato prezioso da cui ripartire, una *tabula non rasa*. Al di là dei giudizi di valore e delle questioni "di gusto", si può individuare in Maria Giuseppina Grasso Cannizzo, rappresentante di una generazione non molto presente nella mostra, un buon esempio di questa attitudine: da sempre aliena al proselitismo, al *lineage* accademico, all'idea di far assomigliare il suo lavoro a quello di qualche predecessore o di avere intorno qualcuno il cui lavoro assomigliasse al suo. Ha continuato a sperimentare e applicare, poco attenta alle tendenze diffuse, affinando la sua tecnica e avvicinandosi al traguardo paradossale della "non-costruzione". L'impressione che però deriva dall'osservazione dei lavori delle autrici e dei gruppi più giovani in questa rassegna, italiani ma non solo, è che la "maniera" di Grasso Cannizzo abbia trovato nell'aria del nostro tempo un fluido di trasmissione molto efficiente e si sia diffusa, spinta non tanto da un suo desiderio di influire sul lavoro degli altri, ma da uno spirito del tempo pervasivo e inarrestabile. I lavori di Torzo, Cianchetta, Malfona, Terragni, perfino studi più articolati come Labics o Modus, tanto per fare alcuni nomi, sembrano avere in comune solo il fatto di non avere particolari elementi tecnico-espressivi in comune (linguaggio), di essere disponibili a ripartire strategicamente da zero in ogni progetto, di condividere una sensibilità consapevole verso il mondo e di acconsentire che ognuno, e forse in modo diverso in ogni occasione, trovi la soluzione per trasferire quella sensibilità in una risposta a una domanda progettuale. Dove per domanda progettuale si va dalla crisi energetica e climatica mondiale fino al dialogo con il committente sul dettaglio di una finestra. In termini di transizione, questo è forse uno dei lasciti più importanti della mostra, una piccola onda che si propaga all'inverso, dalla periferia verso il centro, dal mondo verso il cuore teorico dell'architettura.

Le parole
A proposito di cuore teorico, *Buone nuove* è stata anche l'occasione di una ricognizione nelle teorie e nelle visioni critiche di chi

the critical interpretations of those who deal with architecture not only in terms of projects but also in terms of writing, activism, and academic and institutional initiatives. From the prolonged experience of Phyllis Lambert, Mies van der Rohe's commissioner for the Seagram Building in the second half of the 1950s and founder of the Canadian Center for Architecture in 1979, to the energy of Manon Mollard, the very young chief editor of *The Architectural Review,* the *Narrations* contained in the twelve interviews to twelve protagonists of the "architectural debate" allow us to piece together a mosaic of theories and experiences that would have been senseless to exclude. These women's intersecting and overlapping visions shed light on many theoretical questions that in the world of architecture overlap with gender issues, such as historical memory, power in universities and publishing houses, personal and political stories, the same profession carried out in areas that are more challenging than others, awards, changes occurring in institutions such as museums and cultural production centers, and a vision of the context in which men and women architects operate today. The *words* of these protagonists overlap with the documentation contained in the *Stories,* with the shapes we see in the *Practices,* and with the movement of the *Visions,* forming a multidimensional representation of a fully evolving condition (transition). The direction this transition will take will perhaps determine an important part of the future of this crucial profession, one which has the tools to combine the life of people with the life of spaces. The point of balance that will be reached between these two dimensions, that conflict between earth and world we mentioned before, will determine a fair share of our future and that of the planet.

The following texts are extracts from interviews curated by Pippo Ciorra, Elena Motisi and Elena Tinacci produced by MIES TV and screened on the occasion of the exhibition *Good News* (December, 2021 – October, 2022) at MAXXI.

all'architettura si applica non solo in chiave progettuale, ma anche con la scrittura, l'attivismo, le iniziative accademiche e istituzionali. Dall'esperienza lunga di Phyllis Lambert, committente di Mies van der Rohe per il Seagram Building nei secondi anni cinquanta e fondatrice del Canadian Center for Architecture nel 1979, all'energia di Manon Mollard, giovanissima *chief editor* di «The Architectural Review», le *Narrazioni* raccolte nelle dodici interviste ad altrettante protagoniste del "dibattito architettonico" consentono di ricomporre un quadro di teorie ed esperienze alle quali sarebbe stato insensato rinunciare. Incrociati e sovrapposti i loro sguardi illuminano le molte questioni *teoriche* che nel mondo dell'architettura si sovrappongono a quelle di genere: la memoria storica, il potere nelle università e nell'editoria, le storie personali e politiche, la professione praticata in aree geografiche più difficili di altre, i premi, i cambiamenti in istituzioni come i musei e i centri di produzione culturale, le visioni del contesto nel quale operano oggi architette e architetti. Le *parole* di queste protagoniste si sovrappongono ai documenti delle *Storie*, alle forme delle *Pratiche* e al movimento delle *Visioni* per comporre una rappresentazione multidimensionale di una condizione in piena evoluzione (transizione). Dalla direzione che prenderà questa transizione dipende forse una parte importante del futuro di una professione cruciale, quella cioè che ha gli strumenti per mettere insieme sia la vita delle persone sia quella degli spazi. Dal punto di equilibrio che si troverà tra le due, il conflitto tra terra e mondo di cui sopra, dipenderà buona parte della qualità del futuro nostro e del pianeta.

I testi che seguono sono tratti dalle interviste a cura di Pippo Ciorra, Elena Motisi ed Elena Tinacci realizzate da MIES TV e proiettate in occasione della mostra *Buone nuove* (dicembre 2021 - ottobre 2022) al MAXXI.

MARWA AL-SABOUNI

Architect, writer

Architetta, autrice

You recently wrote "there is a general sense of frustration and polarization, which almost shows itself as a global war that is about to break out."[1] What role can architects play in a world characterized by global capitalism and climate crisis?

I believe that as architects we should work towards making our profession and our creations closer to people, rather than creating a distance, which is something that has happened with modern architecture, where the architects' attention has been mainly focused on the creation of large buildings and masterpieces, while the focus should have been on the people living inside those residential buildings, on the communities, and on society in general. From this point of view, I think that architecture has lost sight of its duty, that is to provide people with places where they can thrive, as communities and as contributing agents to society. In my opinion, modern architecture, and more in general, the way we currently build our cities, merely revolve around money, which only goes to the advantage of major business companies and global elites, when instead we should be concentrating on those to whom that place "belongs," I mean the ordinary people living in the cities, big and small.

You once said that where you grew up there were no shared public and cultural spaces. Has being raised in a country marked by conflicts such as Syria affected your education and your research as an architect?

First of all, I'll say that my country has not always been at war. Only recently.

In un tuo testo recente scrivi che "domina un senso generale di frustrazione e di polarizzazione, che si manifesta quasi come se stesse per scoppiare una guerra globale"[1]. Quale può essere il ruolo degli architetti in un tempo come il nostro e in un mondo caratterizzato dal potere del capitalismo globale e dall'emergenza climatica?

Penso che, come architetti, dovremmo fare in modo che la nostra professione e le nostre creazioni avvicinino le persone invece di allontanarle, cosa che invece è avvenuta con l'architettura moderna, in cui l'attenzione degli architetti si è concentrata principalmente sulla creazione di grandi edifici e capolavori, quando invece si sarebbe dovuta focalizzare su chi abitava all'interno degli edifici residenziali, sulle comunità e sulla società in generale. Da questo punto di vista, penso che l'architettura abbia perso di vista il suo compito, ovvero mettere a disposizione delle persone luoghi in cui queste possano prosperare, sia in termini di comunità, ma anche di contributo alla società. A mio parere, l'architettura moderna e, più in generale, il modo in cui costruiamo le nostre città, al momento, ruotano unicamente intorno ai soldi, il che va a vantaggio soltanto delle grandi imprese e dell'élite globale, quando ci si dovrebbe concentrare su coloro a cui il luogo "appartiene", insomma, la gente comune che vive nelle città, grandi o piccole che siano.

In passato hai affermato di essere nata in un luogo privo di spazi pubblici e culturali condivisi. L'essere cresciuta in un paese caratterizzato da aspri conflitti come la Siria recente ha in

There has been war in Syria for almost a decade, but if we look at my personal experience and that of the generations before me, we actually see that Syria is a peaceful and safe country. Its capital, Damascus, is the world's most ancient continuously inhabited city and boasts a great tradition of coexistence and tolerance among different peoples, a tradition that has allowed it to survive for millennia. As I maintain in my work and in my book[2], the recent conflict is due to the transformation of the way in which we build cities and the consequent lack of public and shared space. Personally, I see the origin of this change in the French occupation of Syria during the 1920s. The French modified the country's entire domestic and urban landscape, using architecture to subjugate the cities and divide communities in order to control them. Since then, even after we became independent, urbanists, architects, authorities, all of us, have continued to work with the French model. By doing so we distorted our cities, giving up public spaces and losing our identity. I believe that it is very important to see the relation between history, the places' past, with their present and what we envision for the future.

What has been the episode or experience that could best help us understand your career?

My work is an outcome of this war that, despite being horrible, has also been a source of inspiration. As a matter of fact, it opened my eyes helping me reflect on the role of built environment and understand how societies can have a fragmented vision of the place they call home, even to the point of losing all connections with it, as has been the case in Syria. The problem has taken on a global scale, now that we have lost our sense of belonging and we have grown much inclined to conflict and fragmentation. Regardless of all other factors at play in Syria, we cannot deny that architecture

qualche modo condizionato la tua formazione e in seguito la tua ricerca in architettura?

Prima di tutto, c'è da dire che il mio paese non è sempre stato in guerra. Solo di recente. La guerra in Siria va avanti ormai da quasi un decennio, ma se guardiamo alla mia esperienza personale e a quella delle generazioni che mi hanno preceduto, vediamo che in realtà si tratta di un paese pacifico e sicuro. La sua capitale, Damasco, è la più antica città del mondo tra quelle abitate in maniera continuativa, e vanta una grande tradizione di convivenza e tolleranza tra popoli, che le ha permesso di sopravvivere per millenni. Come sostengo nel mio lavoro e nel mio libro[2], il conflitto recente è dovuto alla trasformazione del modo in cui costruiamo le città e alla conseguente mancanza di spazio pubblico e condiviso. Personalmente, faccio risalire tale cambiamento all'occupazione francese della Siria negli anni venti del Novecento. I francesi hanno modificato l'intero paesaggio domestico e urbano, usando l'architettura per soggiogare le città e dividere le comunità al fine di controllarle. Da allora, anche dopo che abbiamo ottenuto l'indipendenza, gli urbanisti, gli architetti, le autorità, insomma, tutti noi abbiamo continuato a riproporre il modello francese, finendo così per snaturare le nostre città, rinunciare agli spazi pubblici e perdere la nostra identità. Penso quindi che sia molto importante mettere in relazione la storia, il passato dei luoghi, con il loro presente e con ciò che ci auspichiamo per il loro futuro.

Quale è stato l'episodio, o l'esperienza, che meglio può aiutarci a comprendere la tua carriera?

Il mio lavoro è frutto di questa guerra, che, per quanto orribile, è stata anche fonte di ispirazione. In realtà, mi ha aperto gli occhi, aiutandomi a riflettere sul ruolo dell'ambiente costruito e a capire come le società possano vedere in modo frammentario il luogo che chiamano

and the built environment have segregated and put people in a corner, ultimately alienating them. We no longer feel at home and we struggle to create connections with those people we once called "neighbors."

casa, arrivando persino a perdere ogni legame con esso, com'è successo in Siria. Il problema ha assunto dimensioni globali, ora che abbiamo perso il nostro senso di appartenenza e siamo diventati molto inclini al conflitto e alla disgregazione. Al netto di tutti gli altri fattori in gioco in Siria, non si può negare che l'architettura e l'ambiente costruito abbiano segregato e messo le persone in un angolo, finendo per alienarle. Non ci sentiamo più a casa e facciamo fatica a creare legami con coloro che una volta chiamavamo "vicini".

1   Marwa Al-Sabouni, "Architettura e guerra globale," in *Una storia del futuro / A Story for the Future*, ed. Hou Hanru, Elena Motisi, exhibition catalogue, Rome, MAXXI, National Museum of 21st Century Arts, 2021 (Macerata: Quodlibet, 2021), 344.

2   Marwa Al-Sabouni, *The Battle for Home: The Memoir of a Syrian Architect* (London: Thames and Hudson, 2016).

1   M. Al-Sabouni, *Architettura e guerra globale*, in *Una storia del futuro / A Story for the Future*, catalogo della mostra (Roma, MAXXI, Museo nazionale delle arti del XXI secolo, 2021), a cura di H. Hanru, E. Motisi, Quodlibet, Macerata 2021, p. 343.

2   M. Al-Sabouni, *The Battle for Home. The Memoir of a Syrian Architect*, Thames and Hudson, London 2016.

PAOLA ANTONELLI

Senior Curator, Architecture and Design, MoMA

Senior Curator, Architettura e Design, MoMA

Does your role in a privileged point of observation such as MoMA, in the very controversial US of our times, have an influence on your curatorial approach. Does it makes it more "political"? Would you encourage a young Italian (woman) curator to expatriate today

Operando da un punto di osservazione privilegiato come il MoMA, in un paese controverso come gli Stati Uniti di oggi, pensi di poter dire che il tuo lavoro ha un ruolo politico? Consiglieresti oggi a una curatrice italiana di cercare lavoro all'estero?

My work has always been political and will always be, because I am not interested in objects, but in the role objects play when they become part of a reality, which is definitely political. I have always been political, because in Italy we talk about politics all the time. Here in the United States, it is almost considered rude to talk about politics sometimes; for instance, people don't talk about it so openly at the dinner table . For us, it's much more common. So, yes, everything I do is political, because at the end of the day I reflect on what it means to be a human being in a society that is also interspecies. First and foremost, I think it is very important to have different experiences. Secondly, I think the Italian scene is still very challenging. I really believe that I could never have had the career I've had if I had stayed in Italy, and I see that the Italian women curators who do well in Italy are those who have had many experiences abroad. There is still a sort of distrust and a tendency for people to try to put you in your place. I don't know. Women in general, but also many young people, are always at a disadvantage. However, I think that in order to be treated with respect in Italy, you have to be successful abroad. It's sad but it's true. There are opportunities in Italy that cannot be found elsewhere. I would never have been able to develop my passion for design or achieve the public and critical acclaim I did with the Triennale in Milan if, say, I had done *Broken Nature* in the United States. On the other hand, I am convinced that if I had not

Il mio lavoro è sempre stato politico, e lo sarà sempre, perché il mio interesse non è diretto agli oggetti ma al loro ruolo quando diventano parte di una realtà che è certamente politica. Sono sempre stata politica perché in Italia parliamo sempre di politica. Qui negli Stati Uniti a volte è considerato quasi scortese parlare di politica; per esempio, a cena le persone non ne parlano così apertamente. Per noi italiani è molto più comune. Quindi sì, tutto ciò che faccio è politico perché in ultima analisi la mia riflessione si incentra su cosa significhi essere umani in una società che è anche interspecifica. Prima di tutto penso sia molto importante avere esperienze diverse. Ritengo inoltre che il contesto italiano sia ancora molto difficile. Penso davvero che non avrei potuto avere la carriera che ho avuto se fossi rimasta in Italia, e vedo che le donne curatrici che si affermano in Italia sono quelle che hanno anche avuto molte esperienze all'estero. C'è ancora un certo senso di diffidenza e la tendenza a cercare di farti restare al tuo posto. Non saprei. Le donne in generale, ma anche molti giovani sono sempre in una posizione di svantaggio. Penso che per essere trattati con rispetto in Italia si debba aver successo all'estero. È triste ma è la verità. Ma in Italia ci sono opportunità che non si trovano all'estero. Non sarei mai stata in grado di sviluppare la mia passione per il design o ricevere il riconoscimento di pubblico e critica come mi è successo in Triennale a Milano se, per dire, avessi fatto *Broken Nature* negli Stati Uniti. D'altro canto sono certa che, se non

worked at MoMA, I would not necessarily have been commissioned to do *Broken Nature*.

Considering your research in the field of design (bio design, interactive design, design of violence) in the context of existing collections in major international museums, do you think the perception of what we call "art" is evolving?

I do not know how the perception of art is changing, but what I can tell you is how the perception of design is. I am very happy to see that the younger generation in particular has finally dropped the idea of design as being a mere matter of furniture, cars, and objects. They have finally embraced the idea of interface design, visualisation design, bio design, a kind of design that can collaborate with scientists and politicians. They have finally embraced the idea of design as "the universal donor," as if it were a 0 positive blood type. But design is not just a blood type, it's also an enzyme. I always say that designers are those who can take scientific and technological revolutions, revolutions brought about by historic structural or political changes, and turn them into life: designers were those who applied an interface to the internet so that suddenly everybody could use it; when scientists, technologists, and engineers developed microwave technology that could be used at home, designers were those who designed the ovens; designers are the last link in the chain connecting history and revolutions to our everyday lifes as human beings. Therefore, it is very important to understand that design is much more than furniture.

Could we say that for you design is an active interface between innovation and human needs. You trained as an architect, so how come you focused your attention on design?

When I attended the Milan Polytechnic, the old system was still in place, so it was a jungle. Everyone could do whatever they wanted, including graduating in

avessi lavorato al MoMA, non è detto che mi avrebbero ingaggiata per fare *Broken Nature*.

Pensando alle tue ricerche in ambito di design (biodesign, design interattivo, design della violenza) nel contesto delle strategie di collezione dei grandi musei internazionali, ritieni che la percezione di ciò che è arte si stia modificando?

Non so come stia cambiando la percezione dell'arte, ma posso dirti come sta cambiando quella del design. Sono molto felice di vedere che soprattutto le ultime generazioni abbiano finalmente abbandonato la concezione del design come una mera questione di arredamento, automobili e oggetti. Hanno finalmente fatto propria l'idea dell'*interface design*, del *visualisation design*, del biodesign, di un design che può collaborare con scienziati e politici. Hanno finalmente accettato l'idea del design come «donatore universale», come fosse un gruppo sanguigno 0 positivo. Ma il design non agisce solo come un gruppo sanguigno, è anche un enzima. Dico sempre che i designer sono coloro che sono capaci di prendere le rivoluzioni scientifiche e tecnologiche, o quelle generate da cambiamenti strutturali o politici, e di trasformarle in vita. Sono stati i designer che hanno applicato un'interfaccia a internet così che tutti un bel giorno potessero cominciare a usarlo; quando scienziati, tecnici, e ingegneri hanno sviluppato la tecnologia del microonde per uso domestico, sono stati i designer a progettare i forni; i designer sono l'ultimo anello della catena che connette la storia e le rivoluzioni alla nostra vita quotidiana di esseri umani. Perciò è fondamentale capire che il design è molto più che arredamento.

Sembra che per te il progetto sia un'interfaccia tra l'innovazione e i bisogni dell'essere umano. Da architetto, come mai hai focalizzato la tua attenzione sul design e non sull'architettura?

Quando frequentavo il Politecnico di Milano vigeva ancora il vecchio ordinamento ed era una giungla. Tutti potevano fare quello che

architecture without ever having attended one architecture class. There were 15,000 architecture students in Milan alone so we had to queue for twenty minutes just to get to the first floor. It was chaos, a sort of Dante's circle of hell, but it was wonderful to me, since I had just changed university after having wasted two years at Bocconi. But since there was no room for anyone to do anything practical I just learned the theory of architecture and design. The theory classes were really rigorous, and in a way they looked at all scales of application of a design method. Even though I did all five years of architectural composition, I also had the opportunity of having Castiglioni as a professor, as well as Guido Nardi, who taught both materials technology and philosophy—Heidegger, Adorno, Jung. So there was a real connection between theory and practice that bypassed direct application, be it in architecture, product, or graphic design. So, after I graduated—although I had already been working as a curator and as contributor for *Domus*—I tried to work as an architect for six months, with terrible results. Every architect knows that architecture is 10% designing things, developing ideas, having a vision, and 90% politics, dealing with clients. . . that, I could not do. Not that I was particularly good at the 10% either. It just wasn't my cup of tea. But on the other hand, I was very passionate about the application or, how could I put it, about the curation of these fields. I had always focused on architecture and design, and when I was hired at MoMA, Terry Riley asked me, "Would you mind doing design? That's what we're missing!", to which I replied, "No problem." Even now I see architecture as a branch of design. I see a vast universe where architecture is just one application, along with urban planning, graphic design, video games, visualisation design, furniture, cars. Everything is part of that same universe, differences are a matter of means and ends.

gli pareva, anche laurearsi senza aver mai frequentato un corso di architettura.
A Milano c'erano quindicimila studenti di architettura e facevamo una coda di venti minuti solo per arrivare al primo piano. Era un caos, una sorta di girone dantesco, ma per me era meraviglioso perché avevo cambiato università dopo aver buttato due anni in Bocconi. Dato che non c'era spazio per fare qualcosa di pratico, studiai solo teoria dell'architettura e del design. Ma la teoria veniva comunque insegnata in modo rigoroso, e in un certo senso si applicava a tutte le scale di progettazione. Quindi, anche se ho frequentato tutti e cinque gli anni di composizione architettonica, ho anche avuto l'opportunità di avere docenti come Castiglioni e Guido Nardi, che insegnava sia tecnologia dei materiali che filosofia – Heidegger, Adorno, Jung. C'era quindi una connessione tra teoria e pratica che bypassava l'applicazione diretta in architettura, design, o grafica. Così dopo essermi laureata – sebbene avessi già lavorato come curatrice e come contributor per «Domus» – provai a lavorare come architetto per sei mesi, con risultati terribili. Ogni architetto sa che l'architettura è per il 10% progettazione di cose, sviluppo di idee, di visione, e per il 90% è politica, nel senso di aver a che fare con i clienti… Di quello non mi potevo proprio occupare. Non che fossi particolarmente brava neanche in quel 10%. Non faceva per me. Quello che invece mi appassionava molto era l'applicazione, o come posso dire, la curatela di questi ambiti. Mi sono sempre occupata di design e architettura, ma quando fui presa al MoMA, Terry Riley mi chiese: «Ti piacerebbe occuparti di design? È quello che ci manca!» La mia risposta fu: «No problem». Ancora oggi per me l'architettura è una branca del design. Per me esiste un enorme universo in cui l'architettura è solo una delle tante applicazioni, come l'urbanistica, la grafica, i videogiochi, il *visualisation design*, l'arredamento, le automobili. Fa tutto parte dello stesso universo. Le differenze sono una questione di mezzi e obiettivi.

GIOVANNA BORASI

Director, CCA Canadian Centre
for Architecture

Direttrice, CCA Canadian Center
for Architecture

During your tenure in Montreal, CCA has been focusing not only on architecture but also on what is "around architecture," testing this discipline's limits and focusing on its relations with the cultural context and with other fields. Do you think this approach has had an impact on how gender and inclusivity issues have been addressed?

The curatorial approach we have adopted in recent years at CCA is to always consider architecture within the social, economic, and political context in which it develops. We have tried to seriously grapple with environmental questions, with questions of health, of migration, of happiness, of technology, and so on. In this respect, we are interested in knowing the answers that architectural thinking can give to these questions, in having these questions reflected in the way architecture is conceived and designed, in understanding what architecture has done, does, or could do to critically address the needs of society.

Based on your experience—both as an editor and as a curator—how do you think the expansion of the digital dimension will impact our way of living, working, moving, and understanding space?

Looking at situations through the lens of digital technology raises a whole set of questions regarding the use of space generally, and museum space specifically, in addition to questions regarding the sharing of and access to our thoughts, objects, data, and activities. One such question is most certainly that of the physical dimension of institutions. Institutions used to be physical places,

Potremmo dire che il CCA negli ultimi anni (durante i quali eri a Montréal) hai lavorato non solo sull'architettura ma anche "intorno all'architettura", testandone i confini e le relazioni con il mondo e le altre discipline. Pensi che questo approccio abbia avuto un impatto anche su come sono state trattate tematiche di genere e inclusione?

L'approccio curatoriale che abbiamo adottato negli ultimi anni al CCA è stato quello di considerare sempre l'architettura nel contesto sociale, economico e politico in cui si sviluppa. A questo riguardo, abbiamo provato a occuparci di questioni ambientali, di salute, di migrazioni, di felicità e via discorrendo. Ci interessa indagare le risposte che il pensiero architettonico può formulare vis-à-vis rispetto a queste questioni e esplorare questi temi in modo serio per capire cosa l'architettura abbia fatto, faccia o possa fare per affrontare criticamente i bisogni della società.

Sulla base della tua esperienza, editoriale e curatoriale, come ritieni che la crescente dimensione digitale influenzerà il nostro modo di vivere, di lavorare e di muoverci nello spazio?

Guardare le situazioni attraverso la lente della tecnologia digitale solleva una serie di nuovi quesiti, in aggiunta a quelli che riguardano la condivisione e l'accessibilità dei nostri pensieri, oggetti, dati e attività. Una domanda riguarda certamente la dimensione fisica delle istituzioni. Se un tempo le istituzioni erano un luogo fisico e la tecnologia digitale un modo di condividere ciò che accadeva nello spazio fisico, ora i ruoli si sono rovesciati.

and digital technology was a way of sharing what was happening in those physical places. Today, the roles have been reversed. I am not saying that we have become a TV studio, but in some ways physical institutions have become digital technology production centers. This is a crucial shift, because spaces are now being completely re-imagined with this idea of digital production of meaning in mind. This leads to a second question: given the transition from physical to digital, what use is a physical collection? What use is a vault? If you have an object, and then you photograph it, and then digitize it, is it still important to have that object? What objects should be collected, now that everything can be digitized? In my opinion, the question of what and how to collect, what to do in the future, etc., has become even more specific and important.

There is a well-known photograph of you and Phyllis Lambert face to face, with your feet in the Global Tools *Scarpe Vincolanti* (Joined Shoes). What does it mean for you today to be head of the institution she founded over forty years ago? Do you think that being a woman in this role is any different today than in was back then?

Phyllis has shown great intelligence in how she conceived the CCA, and in how she has helped it grow and evolve, never being afraid to see it change, even in terms of vision. Her work has always been connected to CCA's mission, which is to ensure that the importance of architecture—once again, not as a collection of buildings, but as a social dimension—is understood by the public. Phyllis has seen the way this mission has been interpreted by different directors, and I must say she has been great in following these evolutions in an intelligent way, without ever being trapped by the institution's roots. She has simply let CCA evolve. Perhaps what is most beneficial to us, other than the fact that both of us are women, is that we are both architects. I think this makes it much easier to

Non sto dicendo che ci siamo trasformati in uno studio televisivo, ma in un certo senso è come se le istituzioni fisiche siano diventate un luogo di produzione di tecnologia digitale. Questo è un passaggio cruciale, perché gli spazi vengono ora completamente reimmaginati secondo questa idea di produzione digitale di significato. Questo passaggio dal fisico al digitale conduce poi a un'ulteriore domanda, ovvero a cosa serva una collezione. A cosa serve una collezione fisica? O un deposito per le opere? Se si ha un oggetto e poi lo si fotografa, lo si digitalizza... è davvero importante avere l'oggetto? Quali oggetti dovremmo collezionare ora che tutto può essere digitalizzato? A mio parere la questione di cosa collezionare e cosa fare nel futuro è diventata ancora più specifica e importante.

C'è una nota fotografia che ti ritrae faccia a faccia con Phyllis Lambert, con i piedi infilati nelle *Scarpe vincolanti* della Global Tools. Cosa significa per te essere oggi a capo dell'istituzione da lei fondata quarant'anni fa? Credi ci siano differenze nell'essere donna e nell'occupare questo ruolo tra allora e oggi?

Phyllis ha dimostrato di essere una persona di grande intelligenza, sia per come ha concepito il CCA, sia per come ha contribuito a farlo crescere ed evolvere, senza mai aver timore di vederlo cambiare, anche in termini di visione. Il suo lavoro è sempre stato legato alla mission del CCA, ovvero assicurare che l'importanza dell'architettura – ancora una volta non intesa come una collezione di edifici, ma come una dimensione sociale – sia compresa dal pubblico. Inoltre ha visto come questa mission sia stata interpretata dai diversi direttori, e devo dire che è stata brava a seguire queste evoluzioni in modo intelligente, senza mai rimanere bloccata dentro le radici dell'istituzione. L'ha semplicemente lasciata evolvere in dialogo con il contesto che continua a cambiare. Forse, ciò che gioca

understand many things. It's easy for us to discuss a matter ranging from large scale—say, a long-term project—down to the small details of a project. In my opinion, this is the aspect that has helped us the most, because even though we are both women, we grew up in two very different cultures. We belong to very different generations, we studied at very different universities. If I remember correctly, when Phyllis attended university, she was one of the few women in her class, so her experience is quite different from mine.

maggiormente a nostro vantaggio, oltre al fatto che siamo entrambe donne, è che siamo entrambe architette. Credo che ciò renda molto più facile comprendere molte cose. È semplice per noi dialogare passando da questioni su larga scala – come per esempio un progetto a lungo termine – ai minimi dettagli di un progetto. Secondo me questo è ciò che ci ha aiutato maggiormente, perché anche se siamo entrambe donne, siamo cresciute in due culture molto differenti. Apparteniamo a generazioni molto diverse, abbiamo studiato in università molto diverse. Se ricordo bene, quando Phyllis frequentava l'università, lei era una delle poche donne del suo corso, quindi la sua esperienza si discosta parecchio dalla mia.

MARISTELLA CASCIATO

Senior Curator, Architecture, Getty Research
Institute

**Around mid-1990s when the subject
of gender was not as commonly
addressed as it is now, you and a group
of fellow architects and architecture
historians founded La Casa di Eva with
the aim of providing an in-depth look on
architecture through a feminine lens.
What prompted this initiative? Do you
believe that the motivations that inspired
you then are the same animating the
current gender debate?**

I would define La Casa di Eva a "collective,"
in the wake of the many political collectives
that were the identifying trait of the post-
1968 generations. Ours wasn't a political
collective, even though many of the members
had a solid background in political activism.
A specific aspect was the interdisciplinary
quality of our group and the diverse
geographical and cultural provenance of
the participants. Unlike the few groups
that operated in academic and educational
fields, and thus with an outlook necessarily
connected to these contexts, La Casa di
Eva chose architecture as her common
ground, which was nonetheless discussed
from very diverse angles. Some, like myself,
had trained in the School of Architecture
in Rome, but La Casa di Eva also counted
on the participation of designers, city
planners, sociologists, journalists, literature
and theatre historians, and photographers.
It wasn't a large group, but we were highly
motivated to "raise our voice" and signal the
differences introduced by women within a
very traditional professional apparatus.
The name of the group, La Casa di Eva
(The House of Eve) was inspired by our
desire to combine the feminine dimension
with the universe of domesticity. We were
passionate about the debate regarding
the origin of architecture—shelter, haven,

Senior Curator, Architettura, Getty Research
Institute

**Intorno alla metà degli anni novanta,
quando ancora il tema del genere non
circolava diffusamente come oggi, tu
e un gruppo di colleghe architette e
storiche dell'architettura avete dato
vita a La Casa di Eva, con l'obiettivo
di fornire uno sguardo approfondito
sull'architettura vista attraverso l'ottica
dell'universo femminile. Da cosa
scaturiva quell'iniziativa? Trovi che le
istanze che vi hanno mosse allora siano
le stesse che animano il dibattito gender
cui assistiamo spesso oggi?**

Definirei La Casa di Eva un "collettivo", nato
sulla scia lunga dei collettivi politici che
furono la cifra identitaria delle generazioni
del post Sessantotto. Non si trattava di un
collettivo politico, anche se molte fra coloro
che vi hanno aderito, portavano con sé una
solida militanza politica. Un aspetto peculiare
era quello della interdisciplinarità e della
molteplicità delle provenienze, geografiche e
culturali. Diversamente dai pochi gruppi che
operavano nell'ambito accademico e della
didattica, e quindi con un orizzonte legato,
gioco forza, al loro contesto, La Casa di Eva
aveva scelto l'architettura come terreno
condiviso, benché se ne discutesse a partire
da prospettive molto diverse. Insieme a chi
come me proveniva da una formazione in una
scuola di architettura, a La Casa di Eva hanno
partecipato architette, urbaniste, sociologhe,
giornaliste, storiche della letteratura e del
teatro, fotografe. Non immaginate un gruppo
affollato ma molto motivato dalla necessità
di "alzare la voce" e segnalare la differenza
portata dalle donne all'interno di un apparato
professionale ancora molto tradizionale.
Il nome del gruppo, La Casa di Eva, era nato
dalla volontà di coniugare il femminile con
l'universo della domesticità. Ci eravamo
appassionate al dibattito sull'origine

nest, shared space. We were captivated by the controversial essay by Joseph Rykwert entitled *On Adam's House in Paradise* (1972) which originated from the theory of the primitive hut (Laugier), and considered its effects on architecture. Could we define our ideal "house of Eve" and, therefore, invent our paradise? The solution presented itself almost instantaneously: a house that could move to reach those who could or wanted to inhabit it. This was a project by Lina Bo Bardi: her small house on wheels had helped us to find La Casa di Eva.

I will briefly mention some of the areas of research we explored as a group. First of all, we undertook an accurate and rigorous reinterpretation of the history of twentieth-century architecture in order to understand how, when, and why the contributions of women architects had been overlooked, left unnoticed, or deliberately ignored. Then we explored the domestic space, an almost inevitable expression of the feminine universe. We were very interested in studying the characters of "other" domestic dimensions, not only those of the traditional families, rather those of the residence for assisted living for older adults or for people with disabilities, of collective houses for unmarried women, etc. One of us coming from a long experience in the world of cooperation, encouraged, for instance, the study of experiences in the field of home automation, an early step towards the concept of domotics. In concomitance with these studies, we directed our observation outside the house, to the public spaces, and to the planning of a city for all ages and groups. In two issues of the magazine *Controspazio* (No. 2/1996 and No. 2/2001) we collected some of our reflections and welcomed the contributions of other women, and of other experiences conducted in Italy and abroad.

La Casa di Eva was inhabited by Tamara Alderighi, Maristella Casciato, Luisa Castelli, Assunta D'Innocenzo, Laura Gallucci, Cristina Liquori, Annalisa Marinelli, Silvia Massotti, Claudia Mattogno, and many other women.

dell'architettura – rifugio, riparo, nido, spazio condiviso. Ci intrigava un saggio di Joseph Rykwert, all'epoca molto discusso, intitolato *La casa di Adamo in Paradiso* (1991), che prendeva le mosse dall'idea della capanna primitiva (di Laugier) e si interrogava sulle sue ricadute in architettura. Avremmo saputo individuare il nostro ideale di "casa di Eva" e, di conseguenza, inventare il nostro paradiso? Il cortocircuito fu quasi fulmineo: una casa che si muoveva per raggiungere chi la poteva o voleva abitare. Si trattava di un progetto di Lina Bo Bardi: la sua casetta su ruote ci aveva aiutato a trovare La Casa di Eva.

Mi soffermo brevemente su alcuni percorsi di ricerca condivisi all'interno del gruppo. Innanzitutto, un puntuale e rigoroso lavoro di rilettura della storiografia dell'architettura del Novecento per capire come, quando e perché il contributo delle architette fosse stato oscurato o ignorato. L'altro tema era legato allo studio dello spazio domestico, espressione, quasi obbligata, dell'universo femminile. Ci interessava molto studiare i caratteri di una domesticità "altra", ossia non quella della famiglia tradizionale, ma quella, ad esempio, delle case per anziani o per persone con disabilità, delle case collettive per donne nubili. Una di noi, che aveva avuto una lunga esperienza nel mondo della cooperazione, sollecitò, ad esempio, lo studio delle esperienze nel campo della domotica, un precoce avvicinamento a un'architettura assistita. Di pari passo, siamo uscite dalla casa per guardare agli spazi pubblici e alla creazione di una città a misura di tutte le età e di tutti i gruppi. In due numeri della rivista «Controspazio» (2/1996 e 2/2001) abbiamo riunito alcune delle nostre riflessioni e accolto il contributo di altre donne, e di esperienze condotte fuori dall'Italia.

La Casa di Eva è stata abitata da Tamara Alderighi, Maristella Casciato, Luisa Castelli, Assunta D'Innocenzo, Laura Gallucci, Cristina Liquori, Annalisa Marinelli, Silvia Massotti, Claudia Mattogno, e tante altre donne.

Circa l'attualità di quell'esperienza, più che di continuità parlerei piuttosto di maturazione e della presenza di nuove complessità. Donne in architettura non significa solo architette,

Regarding the topicality of that experience, rather than of continuity I would talk about the growth and presence of new complexities. While addressing women in architecture, I do not only mean women-architects in their practice, rather I wish to consider a multiplicity of disciplinary and professional fields interpreted by feminine players: urban designers, landscape designers, industrial designers, university professors, journalists, curators, critics, authors. . .

In the 1990s the value and significance of some gender specificities had not yet been acknowledged. "Gender" does not only refer to the feminine gender, and gender diversity today refuses any type of racism. And this makes a major difference.

You have always conducted your activity in the field of history and conservation, using archives as the core tool of your activity as scholar and curator. In your archival "excavations" have you ascertained the existence of a particular connection between women and architecture in architectural theory, history, and practice? And if you have, is this connection related only to the cultural and social aspects of women's architectural practice, or does it also find expression in the actual contents of their projects?

Certainly, I chose to base my practice of architecture historian on archival research. I learned by doing, but I also followed my intuition. Beyond literature, I have always been interested in discovering the sources, in analyzing through the original documents the concept in the mind of the architect and its subsequent realization.
I do not think there exists a particular connection between women and architecture; I would rather say this connection exists in the intelligence of the architecture historian, in her capacity to piece together maps that reveal the feminine element inside the project and in the history of architecture. For example, when I started to develop research on the so-called

bensì una molteplicità di professioniste impegnate in diversi campi disciplinari e professionali declinati al femminile: urbaniste, paesaggiste, designer, docenti, storiche, giornaliste, curatrici, critiche, scrittrici...
Negli anni novanta alcune specificità di genere non erano ancora state accreditate nei loro valori e significati. "Gender" non si declina unicamente al femminile, e inoltre la diversità di genere integra oggi al suo interno il rifiuto di ogni forma di razzismo. E questo fa una notevole differenza.

La tua attività si è sempre mossa tra storia e conservazione, facendo degli archivi uno strumento straordinariamente fondativo del tuo lavoro di studiosa e di curatrice. Nella tua opera di "scavo" archivistico hai potuto riscontrare un legame peculiare tra donna e architettura nella teoria, nella storia e nel progetto? E se sì, questo legame si coniuga unicamente con gli aspetti culturali e sociali della professione delle architette, o si esprime anche sul piano dei contenuti progettuali?

Certamente, io ho scelto di fondare la mia pratica di storica dell'architettura sulla ricerca archivistica. Ho imparato facendo, ma ho anche seguito il mio intuito. Al di là della letteratura, mi ha sempre interessato scoprire le fonti, analizzare attraverso i documenti originali il pensiero progettuale e la successiva sua realizzazione.
Non credo che esista un legame peculiare fra donne e architettura; piuttosto, questo risiede nell'intelligenza della storica, nella sua capacità di costruire percorsi che facciano scoprire il femminile tanto nel progetto quanto nella storia dell'architettura. Faccio un esempio. Quando ho cominciato a fare ricerca sulla cosiddetta "cucina di Francoforte", ossia l'esperimento proposto dalla municipalità cittadina di costruire case popolari che comprendessero uno spazio cucina minimo, razionale, completamente attrezzato, che servisse a facilitare il lavoro svolto dalla donna in quell'ambiente, il primo passo è stato raccogliere più informazioni su Margarete Schütte-

"Frankfurt kitchen" —the attempt of that city's municipality to build popular houses featuring a minimalistic, rational, and fully equipped kitchen space that could make work carried out by women in that space easier—my first step was to find out more about Margarete Schütte-Lihotzky (1897–2000), the designer of that "revolutionary" experiment. But that was only the first step. I also had to contextualize that project, understand the origin of the ideas she was presenting, study how the standardization and production of the various components was carried out, and so on. This entailed accessing diverse archive sources, but also the piecing together of many narratives, some originating from contexts very distant from Germany.

Out of that research came an exhibition, entitled La casalinga riflessiva (The Reflective Housewife), presented in Rome, at Palazzo delle Esposizioni (1983).

In this, as in other shows I have curated, I have certainly considered the analysis of the socio-political aspects linked to the profession of the architect, but the way I have approached these aspects has always privileged the collective dimension rather than a statistical reading, focusing on a holistic and multi-referential reflection, and this has had a profound effect on the content I've delivered.

To the question of whether we can detect a gender specificity in the design of women architects, I would add to my previous answer that this depends on the conditions in which they operate: aspects such as the market, the client, the location, and personal interests are not secondary.

Certainly, women have shown great ductility operating in very diverse spatial contexts; they are endowed with flexibility and intuition, patience, awareness of their feminine being, self-criticism, and self-irony. Gender diversity clearly is not a contemporary invention, but we have certainly become more aware and proud of that.

Your professional life—and your personal life as a consequence—have always

Lihotzky (1897-2000), la progettista di quell'esperimento "rivoluzionario". Ma quello non era che l'inizio; era necessario, infatti, contestualizzare quel progetto, capire l'origine delle idee da lei proposte, studiare come avveniva la standardizzazione e la produzione dei diversi componenti ecc. Questo comportava l'accesso a molteplici fonti archivistiche, ma anche la costruzione di svariate storie, alcune nate ben lontano dalla Germania in cui Schütte-Lihotzky si era trovata a progettare.

Da quella ricerca scaturì una mostra, intitolata La casalinga riflessiva, presentata a Roma negli spazi del Palazzo delle Esposizioni (1983).

In questo come in altri lavori da me curati, ho certamente preso in considerazione l'analisi degli aspetti socio-politici legati alla professione, affrontandoli in un modo che ha sempre privilegiato la dimensione collettiva rispetto alla lettura statistica, che ha puntato su una riflessione olistica e multi-referenziale, determinando una profonda ricaduta sul piano dei contenuti.

Alla domanda se sia possibile ritrovare nel progetto delle architette una specificità di genere, risponderei che ciò dipende dalle condizioni in cui queste si trovano a operare: il mercato, la committenza, il luogo, gli interessi di ciascuna, sono tutte variabili non secondarie. Certamente le donne hanno dimostrato una grande duttilità nel muoversi attraverso universi spaziali molto diversificati; posseggono flessibilità e intuito, pazienza e coscienza del proprio essere femminile, autocritica e autoironia. È chiaro che la diversità di genere non è un'invenzione della contemporaneità, ma certamente ne siamo diventate più consapevoli e più fiere.

La tua vita professionale – e di conseguenza anche personale – ha sempre avuto un orizzonte internazionale: un impegno attivo come presidente di Docomomo International, le esperienze curatoriali presso il Canadian Centre for Architecture a Montréal, fino al tuo attuale incarico di Senior Curator delle collezioni

had an international dimension, from your active engagement as president of Docomomo International, your curatorial experiences at the Canadian Centre for Architecture in Montreal, up to your current position as Senior Curator of Architecture Collections at the Getty Research Institute in Los Angeles.
Do you think that relocating, leaving one's own country, is a necessary step a woman architect or a passionate scholar like you must take?

For me, personal and professional have never been two separate worlds.
I always remember that my father used to affectionately call me "the girl with the suitcase," certainly not making reference to the dramatic story of a well renown movie, but because he looked positively on my eagerness to look elsewhere.
This sounds romantic and anachronistic today, in our globalized society. Think about the Erasmus generations and how that program has been a formidable tool allowing students to measure against other realities.
The number of Italian women architects who completed their studies abroad and have decided to remain and build a career in another country, is much higher than we imagine.
For a twentieth-century architecture historian like myself, to have the opportunity to compare my work with that of colleagues from other parts of the world opened very vast horizons, making my vision more permeable and more capable of integrating suggestions and picking up challenges.
I learned to embrace the doubt as a living practice, to look beyond numerical data, to confute myths, to make history an extraordinary terrain where to research contexts, affinities, and differences. This is the profession I am interested in and that I have always practiced as a woman.

di architettura al Getty Research Institute di Los Angeles. Ritieni che la delocalizzazione, l'andare fuori dal proprio paese sia un'azione necessaria per l'affermazione di una donna architetto o di una studiosa appassionata come te?

Per me personale e professionale non sono mai stati due universi separati.
Ricordo sempre che mio padre, con grande affetto, mi chiamava "la ragazza con la valigia", non certo in riferimento alla storia drammatica del celebre film, ma perché assegnava un valore, assai positivo, alla mia ansia di cercare l'altrove.
È insieme romantico e anacronistico parlarne oggi, in una società globale. Pensiamo alle generazioni Erasmus e a come quel programma abbia rappresentato uno strumento formidabile per confrontarsi con altre realtà.
Il numero di architette che hanno completato gli studi fuori dall'Italia, che si sono fermate e hanno costruito una carriera professionale all'estero, è molto più alto di quanto si possa immaginare.
Per una storica dell'architettura del Novecento come me, la possibilità di confrontare il mio lavoro con colleghe di altre parti del mondo mi ha aperto orizzonti molto vasti e ha reso il mio pensiero più poroso, più capace di accogliere suggestioni e sfide. Ho imparato a sperimentare la prassi del dubbio, a guardare al di là dei dati numerici, a smontare i miti, a fare della storia un terreno straordinario per studiare le affinità e le differenze. È questa la professione che mi interessa e che ho sempre praticato partendo dal mio essere donna.

BEATRIZ COLOMINA

Howard Crosby Butler Professor of the History of Architecture, Princeton University

Docente di Storia dell'architettura Howard Crosby Butler, Princeton University

Since very early on in your career (*Sexuality and Space* was published in 1992), your research has extensively explored all that exists in the space between architecture and the world, such as communication, old and new media, writing, the human body, sexual identity, privacy and much more. What role has the gender issue played in your way of looking at and studying architecture today?

Sexuality and Space was a conference that was held in Princeton in 1990 and that became a book in 1992. However neither the conference nor the book focused solely on the question of gender but on the broader and more complex issue of sexuality. Now that I think about it, the focus was on a wide range of repressed matters. We addressed those themes that architecture refused to talk about. Likewise, the project on collaborations that I initiated in the late 1990s entitled *The Secret Life of Modern Architecture* set out to continue shedding light on what I call "repressed architecture." Architecture is in fact a collaborative practice, but for some reason we continue to privilege the single heroic figure. The issue of gender is present in this project as well, but it is not its fulcrum. In my opinion, it is not simply a matter of adding more women to the history of architecture; it is more complex. We need to better understand how the field of architecture works, because women have actually always been present in architecture, but they have been ignored. While I was working on another iteration of this project for the MoMA book, in the framework of a great women-centered project whose title was *Modern Women*, I realized that women are the "ghosts" of modern architecture. They are always there, but ignored, so they

Hai lavorato molto e fin dagli inizi della carriera (*Sexuality and Space* è del 1992) su tutto ciò che si colloca nello spazio tra l'architettura e il mondo, dunque la comunicazione, i media, la scrittura, il corpo, l'identità sessuale, la privacy e molto altro. Che ruolo hanno oggi le questioni di genere nel tuo modo di osservare e studiare l'architettura?

Sexuality and Space fu una conferenza che si tenne a Princeton nel 1990 e che divenne poi un libro nel 1992. Tuttavia, né la conferenza né il libro si concentravano unicamente sulle questioni di genere, ma su una visione più ampia e complessa della sessualità. A pensarci bene, il focus era su un'ampia gamma di questioni represse. Parlavamo delle tematiche di cui l'architettura si rifiutava di parlare. Allo stesso modo, il progetto sulle collaborazioni che avviai alla fine degli anni novanta, dal titolo *The Secret Life of Modern Architecture*, si proponeva di continuare a portare alla luce quella che chiamo "architettura repressa". L'architettura è di fatto una pratica collaborativa, ma per qualche motivo si continua a privilegiare una singola figura eroica. La questione di genere è presente anche all'interno di questo progetto, ma non ne è il fulcro. A mio parere, non si tratta semplicemente di aggiungere più donne alla storia dell'architettura; la questione è più complessa. Dobbiamo capire meglio come funziona il mondo dell'architettura, perché le donne in realtà sono sempre state presenti nel settore ma sono sempre state ignorate. Mentre lavoravo su un'altra replica di questo progetto per conto del MoMA, nel contesto di una grande iniziativa incentrata sulle donne chiamata *Modern Women*, mi sono resa conto che le donne sono i "fantasmi" dell'architettura moderna. Ci sono sempre, ma sono ignorate, e sono

are bound to haunt the field of architecture forever. In my contribution to that MoMA book, I pointed out not only to how women are ignored, but also to how many men in partnerships are eclipsed. The very idea of collaboration seems scandalous, as if it provokes a deep fear that needs to be repressed.

On a number of occasions in your work you have focused your attention on firms based on "couples," like the Smithsons or the Eames. How did gender and couple dynamics affect their work? And would you look at their work from a different angle today?

Yes, the Eames and the Smithsons have been important references for me. And they were important references for each other. The key difference is that Ray Eames was systematically diminished or erased while no one could erase Alison Smithson. I have studied these dynamics many times. And if I were to revisit their work today it would be different but I never know beforehand what the new angle will be. What I can say is that architecture is more similar to film, one of the Eames main media, than to traditional visual arts. Architecture is like a film in which countless people are involved. But in a film, at least at the end, there are the credits, with the names of all the people who contributed to the work, including those in charge of hair and makeup, the caterers, etc. But for some reason in architecture there is this insistence on the idea that what is realized is the result of the efforts of one single person, which is absurd. This is the real problem. The Eames office for example had an incredibly diverse group of amazing people who were vital to the work but when the work was first shown at MoMA only Charles was acknowledged leading a number of key designers to leave the office in anger.
The history of architecture is full of couples, that is collaborations that are both professional and personal. How can one even fathom to understand how a couple works? It's almost impossible. Yet, in my opinion, it is this unclassifiable

destinate a "infestare" il settore per sempre. Nel mio contributo a quella pubblicazione del MoMA, sottolineavo non solo come le donne siano ignorate, ma come anche molti uomini vengano eclissati in contesti collaborativi. È l'idea stessa di collaborazione a sembrare scandalosa, come se suscitasse una profonda paura che deve essere repressa.

La tua ricerca si è più volte soffermata su studi di architettura formati da "coppie" di persone unite nel lavoro e nella vita, come gli Smithson e gli Eames. Come influiva la dinamica di genere e di coppia nel loro lavoro? Oggi guarderesti la loro produzione da una prospettiva diversa?

Sì gli Eames e gli Smithson sono stati riferimenti importanti per me e lo sono stati a vicenda tra di loro. La principale differenza è che Ray Eames era sistematicamente sminuita o cancellata, mentre nessuno è stato in grado di oscurare Alison Smithson. Ho studiato queste dinamiche molte volte e se dovessi rileggere il loro lavoro oggi sarebbe diverso, ma non saprei prevedere in che termini. Ciò che posso dire è che, più che a un'opera di arte visiva in senso tradizionale, l'architettura è vicina a un film, uno dei media prediletti dagli Eames. L'architettura è come un film alla cui realizzazione lavorano tantissime persone. Mentre però in un film, almeno alla fine, ci sono i titoli di coda in cui compaiono i nomi di tutte le persone che hanno contribuito alla sua realizzazione, inclusi parrucchieri, servizio catering e via dicendo, per qualche motivo in architettura si continua a insistere sull'idea che quanto realizzato sia il risultato degli sforzi di una singola persona, il che è assurdo. È questo il vero problema. Lo studio degli Eames per esempio contava su un gruppo molto vario di professionisti straordinari che avevano un ruolo fondamentale, ma quando il lavoro venne presentato per la prima volta al MoMA apparve solo il nome di Charles, il che indusse molti importanti designer a lasciare lo studio sbattendo la porta.
La storia dell'architettura è piena di coppie, ovvero di collaborazioni con carattere sia

and sometimes conflictual quality, as it were, that underpins architecture. Couples (that I prefer to call "couplings," also to underline their intimate nature) are the creative engine of architecture. The traditional concept of authorship vanishes inside a couple. By setting the conversation inside a couple framework we can better understand the complex modalities through which architectural production manifests itself outside of couples. A work of architecture is always the result of multiple collaborations involving so many actors, such as clients, engineers, consultants, interns, photographers, journalists, politicians, laborers. It is amazing when you think about it.

Today design graduates choose to engage in many different fields of action, such as curating, activism, education, publishing, art, visual productions, more than they did in the past. This makes the word "architect" a more fragile and fluid definition. What is the role of gender diversity in this process of professional-identity definition?

I do not think this is anything new. Let's think of modern architecture, Le Corbusier and Pierre Jeanneret, Mies van der Rohe and Lilly Reich, Walter Gropius and the Bauhaus, etc. But also the mid-century generation of the Smithsons, the Eames. They all worked as authors and curators, organized exhibitions, edited publications, and taught. Most of my work has aimed precisely at showing the importance of modern architecture in terms of media production, to prove that it was media that modernized architecture. Going back to the collaboration aspect, it is very important to see how women architects such as Aino Aalto, Margaret McDonald (who was Rennie Mackintosh's life partner) or Eileen Gray, were fully recognized in their day and in the context of such media productions: competitions, exhibitions, and publications. So in a certain way historians are the ones responsible for having retroactively removed credit from these women, repressing their contribution, regardless of the wealth of

professionale che personale. Ma come si può anche solo pretendere di capire come funzioni una coppia? È quasi impossibile. Eppure, a mio parere, è questa complessità, questa conflittualità, se vogliamo, a sottendere l'architettura. Le coppie (che io preferisco chiamare "accoppiamenti", un po' per sottolinearne la natura intima) sono il motore creativo dell'architettura. Il concetto di autorialità svanisce all'interno di una coppia. Ragionare all'interno di una dinamica di coppia, in un certo senso, ci permette di comprendere meglio le complesse modalità con cui si manifesta la produzione architettonica in generale. Un'opera architettonica è sempre una collaborazione che coinvolge molti attori, che si tratti di clienti, ingegneri, consulenti, stagisti, fotografi, giornalisti, politici, lavoratori; è pazzesco, a pensarci.

Oggi i laureati in design trovano impiego a una pluralità di settori: curatela, attivismo, educazione, editoria, arte, produzioni video e molto altro. Tutto ciò rende più fragile e fluida l'identità professionale dell'architetto. Che ruolo gioca la diversità di genere in questo processo di definizione dell'identità professionale?

Non credo sia una novità. Pensiamo all'architettura moderna, a Le Corbusier e Pierre Jeanneret, Mies van der Rohe e Lilly Reich, Walter Gropius e il Bauhaus, ma anche anche alla generazione di metà secolo, gli Smithson, gli Eames. Erano tutti anche autori e curatori, organizzavano mostre, curavano pubblicazioni, insegnavano. Gran parte del mio lavoro si è occupato proprio di inquadrare l'importanza dell'architettura in termini di produzione mediatica, dimostrando che sono stati i media a modernizzare l'architettura. Tornando all'aspetto collaborativo, è molto importante vedere come architette quali Aino Aalto, Margaret McDonald (che fu compagna di vita di Rennie Mackintosh) e Eileen Gray fossero pienamente riconosciute dai loro contemporanei e nel contesto di produzioni mediatiche quali concorsi, mostre e pubblicazioni. Quindi, in un certo

material they produced over the course of the last century. Think of all the multimedia performances they energized. And if I am asked if all this does not make the figure of the architect more fragile than what it is already, I think it is exactly the opposite: I believe it makes it stronger. So I am absolutely in favor of acknowledging the complexity and multi-media character of architectural production. Architecture is never simply one kind of performance. It can empower a multiplicity of sexual identities.

senso, sono stati gli storici a sottrarre retroattivamente riconoscimento a queste donne, reprimendo l'importanza del loro contributo, indipendentemente dalla mole di materiale che hanno prodotto nel corso del secolo scorso. Si pensi a tutte le performance multimediali a cui hanno infuso energia. Se poi mi si chiede se tutti questi aspetti rendano la figura dell'architetto più fragile di quanto già non sia, penso che in realtà sia proprio l'opposto, e che la fortifichino. Sono assolutamente a favore del riconoscimento della complessità e del carattere multimediale della produzione architettonica. L'architettura non è semplicemente un tipo di attività. È una disciplina in grado di dare forza a molteplici identità di genere.

PHYLLIS LAMBERT

Architect, Founding Director Emeritus,
CCA Canadian Centre for Architecture

Architetta, direttrice e fondatrice emerita,
CCA Canadian Centre for Architecture

Forty years ago, you founded the Canadian Centre for Architecture in Montreal, a geographically marginal location that has since become a focal point of reference for the history and theory of the discipline. What were your personal and professional goals at the time?

The core idea was to promote an understanding of architecture as an art of public interest and concern. This was always the vision for the CCA. Our headquarters are in Montreal, but our foundations are international, and likewise our collection, which is considered a single collection composed of prints and drawings, as well as books from the sixteenth century, photographs from the medium's earliest beginnings, and architectural archives—all of which extend up to the present time and will continue to grow.

The value of research is the basis for both the CCA collection and its programs, which span exhibitions, publications, visiting scholars, lectures, colloquia, and other forms of exchange. From 1979, when the institution was founded, digital cataloging was a primary goal. Over time, the digital realm has in effect become our "second building," whose expansion takes place via the World Wide Web, where we present the full scope of our programs. Our central objectives are to engage current debates and to open up investigations of the "grey areas" that remain unexplored or insufficiently studied.

All scholars of architecture are familiar with a photograph from 1955 of you and Mies van der Rohe standing together in front of the model for the Seagram

Quarant'anni ha fondato il Canadian Centre for Architecture a Montréal, un luogo geograficamente marginale che da allora si è affermato come punto di riferimento per la storia e la teoria dell'architettura. Quali erano i tuoi obiettivi personali e professionali all'epoca?

L'idea alla base del progetto era di promuovere la concezione dell'architettura come forma di arte di interesse pubblico. Questa è sempre stata la visione del CCA. La nostra sede è a Montréal ma le nostre radici sono internazionali, così come la nostra collezione, un'unica raccolta che comprende stampe e disegni, ma anche libri del XVI secolo, fotografie tra le prime mai realizzate e archivi di architettura – una collezione che si estende fino ai giorni nostri e che continuerà a crescere. Il valore della ricerca è alla base della collezione del CCA e dei suoi programmi, che spaziano tra mostre, pubblicazioni, visiting scholars, conferenze, dialoghi e altre forme di scambio. Dal 1979, anno in cui il CCA è stato fondato, la catalogazione digitale è stata un obiettivo primario. Nel corso degli anni, la dimensione digitale è diventata a tutti gli effetti il nostro "secondo edificio", la cui espansione avviene attraverso il World Wide Web, dove presentiamo i nostri programmi nella loro interezza. I nostri obiettivi principali sono prendere parte alla conversazione in atto e avviare percorsi di ricerca in "aree grigie" inesplorate o non sufficientemente studiate.

Tutti gli studiosi di architettura ricordano una tua fotografia del 1955 che ti ritrae con Mies van der Rohe davanti al modello del Seagram Building. Cosa ci puoi raccontare di quell'esperienza e del ruolo che hai svolto? Hai mai avuto

Building. What would you like to say about that experience and the role you played? Did you ever encounter difficulties related to being a woman in this role?

It's interesting to analyze the past in relation to the present. The major matter at stake today is city zoning that induces speculators to build, and thus produces increased taxes to the benefit of the city. But it wasn't always that way. In the 1950s, a few corporations built with pride, and in doing so, oriented the city toward the public good—Lever House abandoned the ziggurat, and the Seagram Tower rising straight from the ground, was set back from the street, forming a plaza. Mies said that in New York you could never see the building from the sidewalk, craning your neck to look up. The Seagram Plaza became—with the exception of Rockefeller Center—the only locus of pedestrian pleasure, an urban amenity, with its trees and fountains, major works of sculpture that once or twice a year reinterpreted spatial relationships, and remarkable marble slabs where people could sit, snack, read, chat, and watch the passing parade. After Seagram, the city changed building regulations to encourage small open urban spaces. Now they number in the hundreds in Midtown Manhattan.

My role was to liaison between the Seagram Company and the architects. I asked to be on the building committee, and my self-appointed intent—having recommended Mies after weeks of visiting architects' offices across the country—was to ensure that Mies would be able to build the building he wanted to build. And I wanted to avoid interference, both economic and in terms of favoritism. I worked very well in doing so with the builder whom my father, president of Seagram, had chosen. I was a young woman with no experience in administration. Nor was it my duty. I worked from the office of the architect, an extraordinary experience. Being a woman never mattered; hierarchy in the business world assured this. However there was one incident. With public-relations in its infancy, I was asked

difficoltà legate al fatto di essere donna in quel contesto?

È interessante analizzare il passato in rapporto al presente. La questione principale oggi è la zonizzazione della città che induce gli speculatori a costruire, producendo così un incremento delle tasse a vantaggio della città. Ma non è sempre stato così. Negli anni cinquanta, alcune società costruivano con orgoglio, indirizzando così la città verso il bene pubblico: la Lever House si lasciava alle spalle il formato ziggurat e la Seagram Tower, che sorgeva direttamente dal suolo, fu arretrata rispetto alla strada, dando così luogo a una piazza. Mies disse che a New York non si riusciva a vedere un edificio dal marciapiede, se si allungava il collo per guardare in alto. La Seagram Plaza divenne, con l'eccezione del Rockefeler Center, l'unico luogo di piacere pedonale, un ameno spazio urbano, con alberi e fontane, grandi sculture che una o due volte all'anno reinterpretavano i rapporti spaziali, e pregevoli lastre di marmo su cui le persone potevano sedersi, fermarsi per uno spuntino, leggere, chiacchierare e guardare una parata che passava. Dopo il Seagram, la città modificò le regolamentazioni edilizie per incoraggiare la creazione di piccoli spazi urbani all'aperto. Oggi ce ne sono centinaia a Midtown Manhattan.

Il mio era un ruolo di collegamento tra la Seagram Company e gli architetti. Chiesi di far parte della commissione edilizia e l'obiettivo che mi ero assegnata – avendo io stessa raccomandato Mies dopo aver girato per settimane tra studi di architetti di tutto il paese – era quello di assicurarmi che Mies avesse la possibilità di costruire l'edificio che desiderava. Volevo evitare favoritismi e interferenze di natura economica e in questo senso ho lavorato molto bene con il costruttore che mio padre, presidente della Seagram, aveva scelto. Ero una giovane donna senza esperienza amministrativa (non che l'amministrazione rientrasse tra i miei compiti), e lavoravo nell'ufficio dell'architetto. Fu un'esperienza straordinaria. Essere donna non è mai stato un problema; la gerarchia nel mondo degli affari lo garantiva. Tuttavia, ci fu un episodio: si era agli albori delle pubbliche

to be interviewed for the women's section of *The New York Times*. I said no. Building Seagram was extraordinarily coincidental. It was a time of euphoria after World War II. An industrialist wanted a great building for his enterprise, the founders of an architectural revolution were alive, and a young woman who didn't know what she could not do brought them together.

Do you think something is lacking in the efforts of contemporary architects with respect to activism, the production of theory, engagement with conservation issues, with human social and spatial conditions, as compared with issues of a more 'global' kind?

The problem is who we are building for, what we are building, what already exists, and how do we intervene to modify it. I was very active as a consultant for public administration, at all levels. I even worked 'behind the scenes' in the first public consultation. But it is not about acting on a single level, nor about one single theme. In each neighborhood of any city, members of multiple groups discuss the issues of their individual neighborhood, because those who live in a place are more aware than any group of bureaucrats who may at most be able to draft a theory. But what direction might theory indicate? I believe this is a very serious matter. I believe that, in the 1950s, theory was part of a far broader vision. Now, of course, we have new tools that allow us to collect a huge amount of data, far more than necessary, bringing together people from multiple disciplines, not only those connected to architecture, but also scientists, ecologists, sociologists, psychologists. What matters is the interest of the public itself in matters of architecture and the city. There will always be poorly built buildings, but how do we modify the way society sees architecture and how architecture sees itself?

relazioni, e mi fu chiesto di rilasciare un'intervista per le pagine femminili del «The New York Times». Rifiutai. La costruzione del Seagram fu una straordinaria coincidenza: era un periodo di euforia dopo la fine della Seconda guerra mondiale, un industriale voleva un grande edificio per la sua impresa, c'erano in circolazione i fondatori di una rivoluzione architettonica, e una giovane donna, che non sapeva cosa non le era concesso fare, li fece incontrare.

Ritieni che gli architetti contemporanei dovrebbero fare di più in termini di attivismo, studi teorici, attenzione ad aspetti conservativi e a condizioni di natura sociale e spaziale, rispetto a tematiche di carattere più "globale"?

Il problema è per chi stiamo costruendo, cosa stiamo costruendo, cosa è già stato costruito e come interveniamo per modificarlo. Ho lavorato molto come consulente per la pubblica amministrazione, a tutti i livelli. Ho persino lavorato nel "dietro le quinte" della prima consultazione pubblica. Ma non si tratta di agire su un singolo livello, né su un singolo tema. In ogni quartiere di qualsiasi città, i membri di vari gruppi discutono dei problemi del proprio quartiere, perché coloro che vivono in un luogo saranno sempre più attenti di qualsiasi gruppo di burocrati, i quali al massimo sono in grado elaborare una teoria. Ma quale direzione potrebbe mai indicare una teoria? Credo che questo sia un tema molto serio. Penso che negli anni cinquanta la teoria fosse parte di una visione molto più ampia. Oggi naturalmente, abbiamo a disposizione nuovi strumenti che ci permettono di raccogliere un'enorme mole di dati, molti più del necessario, consentendoci di far lavorare insieme persone provenienti da diverse discipline, non solo quelle collegate all'architettura, ma anche scienziati, sociologi, psicologi. Ciò che importa è l'interesse del pubblico stesso in questioni riguardanti la città e l'architettura. Edifici mal costruiti ci saranno sempre, ma come possiamo modificare il modo in cui la società vede l'architettura e l'architettura vede se stessa?

SYLVIA LAVIN

Architectural historian, Princeton University

Storica dell'architettura, Princeton University

Form Follows Libido and Kissing Architecture[1]: in your work architecture itself seems to be a gendered subject. How do you see the evolution of gender hierarchies in architecture in relation to the evolution of architecture itself?

Women have always been important agents of architectural production, but they have not always been recognized as such, by themselves or by others. This failure began to abate during the late 20th century, a change that can be seen in the fact that at mid-century, women were still mostly imagined to be passive subjects of architecture while by the end of the century women insisted on being recognized as architecture producers and co-producers. For example, *Form Follows Libido* studies a series of houses that were built in Los Angeles by Richard Neutra in the 1950s, houses in which women played a significant role, but as clients. Even this was something of a change since clients were typically male. These women, however, came to architecture not only as economic agents but as psychic objects to be analyzed. In the Freudian conception, analysts were gendered male while psychoanalysis was based on a feminized vision of the psyche. As a result, both Freud and Neutra conceived the house as a female body, a container-object, passively waiting to be activated by the male analyst/architect. While in *Form Follows Libido* I was interested in exploring the impact of women in a period in which their power had been repressed, *Kissing Architecture* explores a different period—the 2000s—and a radically expanded notion of the architectural agency of women. The book starts with a provocative declaration by the artist Pipilotti Rist who describes an installation of hers at MoMA in New York through which she

Form Follows Libido e Kissing Architecture[1]: nel tuo lavoro l'architettura stessa pare essere soggetto dotato di genere. Come vedi l'evolversi delle gerarchie di genere in architettura in relazione ai cambiamenti in atto nell'architettura stessa?

Le donne sono sempre state soggetti attivi importanti nel campo della produzione architettonica, ma non sempre sono state riconosciute come tali, da loro stesse e da terzi. Questa carenza ha cominciato a colmarsi sul finire del XX secolo. Un cambiamento, questo, che può leggersi nel fatto che alla metà del secolo le donne erano ancora per lo più considerate soggetti passivi dell'architettura, mentre sul finire del secolo insistevano per farsi riconoscere come produttrici e co-produttrici di architettura. *Form Follows Libido* per esempio prende in esame una serie di case costruite a Los Angeles da Richard Neutra negli anni cinquanta; case in cui le donne ebbero un ruolo significativo, ma in qualità di clienti. Anche questo fu un cambiamento, dato che in genere i committenti erano uomini. Queste donne, tuttavia, si avvicinarono all'architettura non solo come agenti economici, ma anche come soggetti psichici da analizzare. Nella concezione freudiana, gli analisti erano di genere maschile e la psicoanalisi si basava su una visione femminilizzata della psiche. Di conseguenza, sia Freud sia Neutra concepivano la casa come un corpo femminile, un oggetto-contenitore in passiva attesa di essere attivato dall'uomo analista/architetto.
Mentre in *Form Follows Libido* ho inteso esplorare l'impatto delle donne su un periodo in cui il loro potere era represso, in *Kissing Architecture* prendo in esame un periodo diverso – gli anni duemila –

wanted to kiss Taniguchi. That declaration required multiple inversions of expected and historically entrenched gender roles: first, Rist asserts as a given fact that she is the instigator of this architectural encounter, an encounter that radically redesigned the original space. She simply assumes the active role. Second, she identifies the architectural object with Taniguchi, with a man, and not with herself. Rist not only restructured Taniguchi's inner world, but did so by inserting her extraordinary inner world inside his. It is as if she penetrated his building. These shifts reveal significant changes both in terms of the gendered conception of architecture as a spatial medium but also in the gendering of persons recognized as architects.

You have always focused your attention on to the relationship between architecture and visual and performative arts. Do you think that reducing the distance between these ambits has had an impact on the gender geography of the world of architecture?

Women who worked in what historians call Second Wave Feminism, the feminist movements of the 1960s and 1970s, developed new forms of gender resistance and critique but also new forms of artistic practice. Many of these practices were performance based both because a woman's body was often described as more at ease in alternative spaces, but also because in such spaces her body could be used as a tool to make art rather than only be represented as art. These shifts were unimaginably important as examples of feminist artistic practice and even more important, eventually, as transformers of other more traditional artistic media and institutions as well. Because of the spatial and institutional dimension of these historic efforts, it is no coincidence that many of the Second Wave Feminist artists dealt with architectural subjects and used architectural contexts to carry out their battle.

e una concezione radicalmente ampliata dell'*agency* architettonica delle donne. Il libro si apre con una provocatoria descrizione data dall'artista Pipilotti Rist di una sua installazione al MoMA di New York, attraverso la quale voleva baciare Taniguchi: una dichiarazione di intenti che presupponeva molteplici sovvertimenti di tradizionali e storicamente radicati ruoli legati al genere. In primo luogo, Rist assume un ruolo attivo e parte dal presupposto di essere l'istigatrice di questo incontro architettonico, un incontro che ridefinisce radicalmente lo spazio originale. In secondo luogo l'artista identifica l'oggetto architettonico con Taniguchi, un uomo, e non con se stessa. Rist non solo riconfigura il mondo interiore di Taniguchi, ma lo fa inserendo al suo interno il proprio meraviglioso mondo interiore. È come se lei avesse penetrato l'edificio dell'architetto. Questi slittamenti rivelano trasformazioni significative sia in termini di concezione di genere dell'architettura, intesa come medium spaziale, sia in termini di connotazione di genere delle persone riconosciute come architetti.

Hai sempre dedicato attenzione al rapporto tra architettura e arti visive e performative. Ritieni che la progressiva riduzione di distanza tra questi due ambiti possa avere in qualche misura influenzato la geografia di genere nel mondo dell'architettura?

Le donne professionalmente attive durante il periodo dei movimenti femministi degli anni sessanta e settanta, che gli storici definiscono la seconda ondata femminista, svilupparono nuove forme di resistenza, di critica di genere e di pratica artistica. Molte di queste pratiche erano di tipo performativo, sia perché il corpo femminile era spesso riconosciuto come più a suo agio in spazi alternativi, sia perché in tali spazi esso poteva essere usato come strumento per fare arte, piuttosto che essere solamente oggetto di una rappresentazione artistica. Questi cambiamenti furono straordinariamente rilevanti come esempi

You have lived and worked most of your life in California, an area that has always been on the front line of matters related to gender and sexual identity and from where these ideas have spread to the rest of the world. Do you see a connection between the social history of this area and the history of gender achievements in the professional field?

Professional architects form a sort of tribe. And you need to have certain qualifications to become part of this tribe. One of the oldest is that you must be a man. The second is that you must be trained as an architect. While artists and architects—and all expert practitioners in any field—use specialized languages and sometimes rely on complex tools, modern architects, uniquely among the traditional beaux-arts, are also shaped by legally constraining professional apparatus. However, architects often use the second criteria to mask their attachment to the first. Early in my career I encountered a great deal of this subterfuge: a resistance to my ideas that was entangled in a resistance to my gender. When I first came to Los Angeles in the early 1990s from New York, where I had been trained as an art historian, I actually encountered more gender bias against the intellectual woman but less bias against those who refused conventional forms of architectural training and professionalization than I had seen in New York. My experience might be explained by the fact that architectural schools in Los Angeles were relatively few and still comparatively 'young' in the 1990s. As a result, the architectural community was unused to intellectuals being interested in their work because the schools had not yet produced many architectural intellectuals. At the same time, the schools had also not yet amassed hegemonic control over the local profession so there was more 'flexibility' in the idea of the architect. But we must also admit that there was a very troublesome gender dimension of the LA architectural tribe as I found it in the 1990s, that was already firmly in place during the first phase of the

di pratica artistica femminile e, aspetto ancora più importante, in quanto forieri di trasformazione in ambiti istituzionali e di altri più tradizionali media artistici. Per via della dimensione spaziale e istituzionale di questi sforzi storici, non sorprende che molte delle artiste della seconda ondata femminista si siano misurate con soggetti architettonici e abbiano scelto contesti architettonici per condurre la loro battaglia.

Hai vissuto e lavorato per buona parte della tua vita in California, uno stato da sempre all'avanguardia su questioni di genere e identità sessuale e luogo da cui queste idee si sono diffuse a livello internazionale. Ritieni che ci sia un legame tra la storia sociale di questo territorio e le conquiste di genere in ambito lavorativo?

Gli architetti professionisti sono una sorta di tribù e per entrare a farne parte servono detrminati requisiti. Tra i più antichi c'è quello di essere un uomo. Il secondo è aver studiato architettura. Mentre artisti e architetti, come tutti i professionisti esperti in qualsiasi settore, usano linguaggi specializzati e talvolta fanno affidamento su strumenti complessi, gli architetti di oggi, gli unici nel campo delle belle arti tradizionali, sono anche influenzati da apparati professionali vincolanti dal punto di vista giuridico. Gli architetti spesso fanno leva sul rispetto del secondo requisito per mascherare il loro attaccamento al primo. All'inizio della carriera mi è capitato spesso di imbattermi in questo sotterfugio: una resistenza alle mie idee che si intrecciava con una resistenza al mio genere. Quando arrivai a Los Angeles nei primi anni novanta da New York, dove avevo studiato come storica dell'arte, riscontrai da un lato più *gender bias* nei confronti della donna intellettuale, dall'altro meno *bias* nei confronti di coloro che rifiutavano modalità convenzionali di formazione e professionalizzazione architettonica rispetto a quanti ne avessi incontrati a New York. La mia esperienza potrebbe spiegarsi con il fatto che le scuole di architettura di

Californian neo-avant-garde of the 1970s, and that is still active today. Many California architects, regardless of what kind of body they live in, like the reputation of being part of the wild west, because that terrain was mythologized as the rightful home of the American cowboy, strong, individual, white and male. The California history of the neo-avant-garde must not be romanticized.

Los Angeles erano relativamente poche e all'epoca ancora "giovani". Come risultato, la comunità architettonica non era abituata ad avere intellettuali interessati al proprio operato, perché le scuole non avevano ancora prodotto molti intellettuali dediti all'architettura. Allo stesso tempo, le scuole non avevano ancora conquistato l'egemonia della professione a livello locale, quindi c'era più "flessibilità" riguardo al ruolo dell'architetto. Ma dobbiamo anche ammettere che le criticità gender proprie della tribù dell'architettura losangelina negli anni novanta erano tali e quali a quelle della prima fase della neoavanguardia californiana degli anni settanta e a quelle di oggi. A molti architetti californiani, a prescindere dal tipo di corpo che abitano, piace avere la reputazione di architetti del selvaggio west, di quel territorio mitizzato che spetta di diritto al cowboy americano: maschio, individualista, forte e bianco. La storia californiana della neoavanguardia non deve essere romanticizzata.

1   Sylvia Lavin, *Form Follows Libido: Architecture and Richard Neutra in a Psychoanalytic Culture* (Cambridge: Mit Press, 2005); Sylvia Lavin, *Kissing Architecture: Super Disciplinarity and Confounding Mediums* (Princeton: Princeton University Press 2011).

1   S. Lavin, *Form Follows Libido. Architecture and Richard Neutra in a Psychoanalytic Culture*, Mit Press, Cambridge 2005; S. Lavin, *Kissing Architecture. Super Disciplinarity and Confounding Mediums*, Princeton University Press, Princeton 2011.

MARY MCLEOD

Professor of Architecture, GSAPP Graduate School of Architecture, Planning and Preservation, Columbia University

You have written that after gaining wide attention in the 1990s, the feminist issue in architectural history has rapidly faded. Where are we now? Do you think the conversation has restarted and is heading in a different direction? What does it mean to speak about gender and architecture today?

Yes, the conversation has definitely begun again, and it's exciting to see how many publications devoted to women and architecture have recently been released, and how much attention the media is giving to women's issues. Something has changed, especially in the last five years or so. I often ask myself why. Certainly, the MeToo movement is an important factor, bringing new attention to long-standing feminist concerns. But I think that there's also been a shift in focus, with the emphasis less on professional inequities (however much they remain a concern) and more on the sexist attitudes and behavior that so affect women's experience in the workplace and in the world at large. Another difference, at least in the U.S., has been an increasing concern for "intersectionality," that is, the intersections of race, gender, and class. The term was coined by legal scholar Kimberlé Crenshaw in 1989, but it's only gained currency in architecture during the past few years, undoubtedly sparked by the Black Lives Matter movement. Curiously, and in my view somewhat regrettably, many younger women architects seem unaware that feminist architects such as Dolores Hayden and Gwendolyn Wright were already concerned about this issue in the early '80s, even if the word was not used.
Despite the significant gains that women have made in architecture, the profession

must change in more radical ways. It's essential that star system be eliminated and that we transform the entire ethos of office and school culture, the mentality of having to work until you break. Kenneth Frampton used to call the first year of architecture school at Columbia "boot camp," as in the Marine Corps. We're still dealing with a sexist culture.

You have studied the iconic figure of Charlotte Perriand. Do you believe that a strong "personal life" narrative has been an important factor in the recognition of successful designers like Perriand, or Lina Bo Bardi? What does this imply in terms of historical research?

Examining the personal formation and experience of architects is important, not just for women but for men, too. A slogan of the Women's Liberation Movement that arose in the United States in the late 1960s and 1970s was "the personal is political"—an idea I deeply believe in. But for me as a historian, this means not only relating women's personal stories, however interesting they might be, but investigating both the personal and institutional factors that enabled some women architects to succeed and others not, including the school system, access to mentors, clients, corporate culture, and so forth. Writing in-depth monographic studies provides us with opportunities to question prevailing assumptions and stereotypes. This became apparent to me when I was doing research on Perriand, but also when I was learning more about other early women designers such as Grete (Margarete) Schütte-Lihotzky. In some feminist architecture criticism, especially in the 1990s, it was fashionable to play the victim and claim that the great masters were all chauvinist pigs who treated their female staff or clients horrendously. And it's true that women designers were often victims. But what I discovered talking with Perriand and other women who worked in Le Corbusier's office, such as Siasia

Nonostante gli importanti progressi compiuti dalle donne nel campo dell'architettura, cambiamenti ancora più radicali devono essere messi in atto. Il sistema delle archistar deve scomparire e l'intero ethos che permea gli ambienti lavorativi e scolastici, la mentalità del lavorare fino allo sfinimento, deve cambiare. Kenneth Frampton era solito chiamare il primo anno di scuola di architettura alla Columbia "centro addestramento reclute", come nel corpo dei Marines. Abbiamo ancora a che fare con una cultura sessista.

Ti sei dedicata allo studio della figura iconica di Charlotte Perriand. Ritieni che una narrazione forte della vita privata sia stata un fattore importante nel riconoscimento di architette di successo come Perriand o Lina Bo Bardi? Cosa implica questo in termini di ricerca storica?

Sicuramente è importante parlare della formazione e delle esperienze personali di un architetto, che si tratti di una donna o di un uomo. Uno slogan del Movimento di Liberazione della Donna che sorse negli Stati Uniti alla fine degli anni sessanta e settanta era "il personale è politico", un'idea in cui credo fortemente. Ma per me, in quanto storica, questo significa non solo prendere in considerazione le storie personali delle donne, per quanto interessanti possano essere, ma anche approfondire i fattori personali e istituzionali che hanno consentito ad alcune architette di avere successo e ad altre no; fattori che includono il sistema scolastico, il rapporto con figure guida, i clienti, la cultura aziendale e via dicendo. Condurre approfonditi studi monografici offre l'occasione di mettere in discussione certi preconcetti e stereotipi dominanti. L'ho riscontrato chiaramente facendo ricerca su Perriand, ma anche studiando altre figure tra le prime donne designer come Grete (Margarete) Schütte-Lihotzky. In certa critica femminista, in particolare degli anni novanta, andava di moda calarsi nel ruolo della vittima e accusare i grandi maestri di essere dei porci maschilisti che

Sandecka (Nowicki), Edith Schreiber (Aujame), and Blanche Lemco (Van Ginkel), is that they dismissed this characterization of victimhood and spurned self-pity; instead they spoke enthusiastically about the support, opportunities, and camaraderie they experienced in his atelier.

According to your studies, in the early age of modernism, functionalism worked as a common ground for an equal collaboration among architects of all categories and gender. When do you think this common effort faded away in favor of a polarized cliché based on charismatic masters and women architects graciously willing to operate in their shadow?

One of the things I discovered in my research is that European women designers were recognized during the 1920s and 1930s by both the press and their peers. The idea that they were ignored until they were rediscovered by feminist scholars is a myth. Perriand's work appeared regularly in magazines and journals; I even found a review of one of her salon exhibits in *The Brooklyn Daily Eagle*. Eileen Gray's and Lilly Reich's designs also received considerable coverage—and praise during that period. Gustav Adolf Platz praises Reich and other women designers at length in his 1933 book *Wohnräume de Gegenwert*, and Sigfried Giedion, in his 1948 book *Mechanization Takes Command. A Contribution to Anonymous History*, credits women, many of whom were not trained as architects, such as Catharine Beecher and Lillian Gilbreth, for important innovations in household design.
The long-standing exclusion of women architects from historical accounts is also due to past museum practices. MoMA (the Museum of Modern Art) has been notoriously bad on this score. Already in 1937, it failed to mention the women designers who collaborated with male partners in the design of projects shown in the its exhibition *Modern Architecture in England*, and it has largely continued

riservavano un trattamento orribile alle clienti e alle donne che lavoravano nel loro staff. È vero che le donne designer erano spesso vittime, ma parlando con Perriand e con altre donne che hanno lavorato nello studio di Le Corbusier, come Siasia Sandecka (Nowicki), Edith Schreiber (Aujame), e Blanche Lemco (Van Ginkel), ho scoperto che loro non sposano questa visione vittimistica e autocommiserativa, ricordando piuttosto con entusiasmo il sostegno, le opportunità e lo spirito di squadra che ha caratterizzato la loro esperienza nello studio di Le Corbusier.

Stando alle tue ricerche, il funzionalismo agli albori del modernismo rappresentò un terreno comune per una collaborazione paritaria tra architetti di ogni ordine e genere. Secondo te quando è sfumata questa visione comune, rimpiazzata dal cliché di maestri carismatici e da garbate architette desiderose di lavorare nell'ombra?

Una delle cose che ho scoperto facendo ricerca è che negli anni venti e trenta c'erano architette europee riconosciute sia dalla stampa che dai loro colleghi uomini. L'idea che siano state completamente ignorate fino alla loro riscoperta da parte di ricercatrici femministe è una leggenda. Il lavoro di Perriand veniva regolarmente pubblicato su riviste e periodici; ho anche trovato una recensione di una delle sue esposizioni sul "The Brooklyn Daily Eagle". Anche i progetti di Eileen Gray e Lilly Reich in quel periodo ricevevano considerevoli lodi e attenzioni. Gustav Adolf Platz aveva elogiato Reich e altre designer in *Wohnräume de Gegenwert* del 1933. Sigfried Giedion, in *Mechanization Takes Command. A Contribution to Anonymous History* del 1948, attribuisce ad alcune donne, molte delle quali non avevano una formazione da architetto, come Catharine Beecher e Lillian Gilbreth, l'introduzione di importanti innovazioni nel settore del design domestico.
La prolungata esclusione delle professioniste donne dalla storia dell'architettura è anche dovuta a passate pratiche museali. Il MoMA è

to ignore women architects until the past 15 years or so. Undoubtedly, this is partly because all the major architecture curators have been men—and that is still the case. So, have things changed? Today, women partners in firms certainly get more credit, even leading credit—for example, Liz Diller or Kazuyo Sejima. They are no longer regarded as secondary collaborators or mere assistants to famous men, as Reich and Perriand often were. More women too are heading their own firms and defying stereotypes—for example, Jeanne Gang is living proof that women can design skyscrapers. So yes, I think a cultural revolution really is taking place, but there's also still so much to be done.

stato notoriamente carente su questo fronte: nel 1937 omise i nomi delle designer che avevano collaborato con i loro colleghi uomini ai progetti presentati nella mostra *Modern Architecture in England*; una prassi che è continuata fino a una quindicina di anni fa. In parte ciò è dovuto al fatto che i principali curatori di mostre di architettura erano e sono uomini.
Si può dire che qualcosa sia cambiato? Oggi il lavoro delle donne socie di studi di architettura è certamente più riconosciuto, anche messo in primo piano, come per esempio nel caso di Liz Diller o Kazuyo Sejima. Le architette non sono più considerate collaboratrici secondarie o mere assistenti di uomini famosi, come spesso è capitato a Reich e Perriand. Oggi ci sono più donne a capo di studi di architettura, donne che sfidano gli stereotipi. Jeanne Gang, per esempio, è la prova vivente che le donne sono in grado di progettare grattacieli. Quindi sì, penso che ci sia una rivoluzione culturale in atto, ma che resti ancora tanto da fare.

LIZ OGBU

Architect, activist

We may define you a pioneer in participatory design and planning of dynamic and creative forms of prototyping. What do you think is the power of a community in building a sustainable space?

I think we rarely allow communities to emancipate themselves. But who better than a community can tell us about the conditions of their neighborhoods and how they want their future to be? After all, the members of a community have been living in that place from way before I ever set foot in it, and they will continue to do so after I will have left. What I do when I get there is to try and implement what I learned in other neighborhoods, helping them get organized. I ask myself how can I put them in contact with the local authorities so they can make themselves heard, and then I focus on how to fix the mistakes of the past and understand how what has happened has effectively prevented communities from making their voices heard and being in charge of their future. I believe it is important for us designers to ask ourselves what we can do to ix the mistakes of the past in the context of space configuration.

Speaking of power and privilege and of placekeeping and placemaking, what is the role of architecture as a tool for improving spatial and racial justice?

I believe that architecture is strongly connected to the issues of spatial and racial justice. I always find it useful to define spatial justice, since not everybody is familiar with the concept. "Spatial justice" refers to the act that justice has its own geography and that a fair distribution of services and benefits deriving from it must be a fundamental human right. However, the cities of every part

Architetta, attivista

Possiamo definirti una pioniera nella progettazione partecipata e nella pianificazione di forme dinamiche e creative di prototipazione. Quale credi sia il potere di una comunità nella costruzione di uno spazio sostenibile?

Penso che raramente permettiamo alle comunità di emanciparsi, ma chi meglio di loro può dirci in quale condizione versino i quartieri in cui vivono e come vorrebbero che diventassero in futuro? In fondo, i membri di una comunità vivono un dato luogo da molto prima che io ci metta piede, e continueranno a farlo dopo che me ne sarò andata. Quando arrivo, di solito cerco di mettere in pratica quello che ho imparato in altri quartieri, aiutando gli abitanti a organizzarsi. Comincio con il chiedermi come fare a metterli in contatto con le autorità locali affinché possano far valere le proprie ragioni, per poi concentrarmi su come rimediare agli errori del passato e capire come ciò che è successo abbia effettivamente impedito alle comunità di far ascoltare la propria voce e di prendere in mano il proprio futuro. Penso sia importante per noi designer chiedere a noi stessi cosa possiamo fare per rimediare agli errori del passato nel contesto della configurazione dello spazio.

Parlando di potere e privilegio, *placekeeping* e *placemaking*, qual è il ruolo dell'architettura come strumento utile al raggiungimento di una giustizia spaziale e razziale?

Ritengo che l'architettura sia strettamente legata al tema della giustizia spaziale e razziale. Per cominciare, trovo sempre utile definire cosa sia la giustizia spaziale, dato che non tutti lo sanno. Il termine "giustizia spaziale" fa riferimento al fatto che la giustizia ha una sua geografia, e che un'equa distribuzione

of the world are full of spatial injustice. Just think of how some districts are destined to be industrial areas while others are decked with shimmering skyscrapers, of how certain districts are equipped with excellent transport services and infrastructure while others have difficulties in having even one single bus route, or of how some districts have nice parks and some don't. If we compare demographic data, we notice that black, mixed, native, and poor communities are, almost always, the communities that end up with poor quality resources and connections. So spatial and racial justice are clearly intimately connected, because architecture, urban planning and the other disciplines that deal with shaping the built environment have often contributed to creating these conditions of disparity in terms of damage and benefits. I would say we are accomplices of what has happened. So if we had a part in the bad, it is important we ask ourselves how we can fix it. All this has an impact on the policies we support, on the projects we accept to be part of, on what we do to help support the communities with reference to certain projects, if these turn out to be really damaging. I think it is our responsibility to make ourselves heard and understand what we can do with the power and the resources we have at hand, because the only reason why we find ourselves in this situation is that somebody entrusted us with the power to shape that environment. It is really important to ask ourselves what we can do with the power that we are given.

Do you think that working in places like the US have an impact on your approach and your (spatial) thinking?

I feel really lucky to have been born in the United States, even though both my parents are from Nigeria. I have many relatives in Nigeria, and over the course of my career I have had the privilege of carrying out several projects in Sub-Saharan Africa. In many respects, I think that these circumstances have deeply affected me, especially in terms of my vision of the world and my "global" approach to my profession.

dei servizi e dei benefici che da essa derivano dovrebbe rappresentare un diritto umano fondamentale. Tuttavia, le città di tutto il mondo sono piene di esempi di ingiustizia spaziale. Basti pensare al modo in cui certi quartieri vengono destinati a un uso industriale e altri adornati di scintillanti grattacieli, al fatto che alcuni quartieri sono provvisti di sistemi di trasporto o infrastrutture eccellenti e altri hanno difficoltà ad assicurare la presenza anche solo di una linea di autobus, o ancora al fatto che in determinati quartieri si vedono dei bei parchi e in altri no. Se incrociamo i dati demografici, notiamo che le comunità nere, mulatte, autoctone e povere sono, quasi sempre, quelle che si ritrovano con risorse e collegamenti di scarsa qualità. Risulta quindi chiaro che la giustizia spaziale e la giustizia razziale sono intimamente connesse, perché l'architettura, la pianificazione urbanistica e le altre discipline che si occupano di plasmare l'ambiente edificato hanno spesso contribuito a creare queste condizioni di disparità a livello di danni e benefici. Direi che siamo intrinsecamente complici di ciò che è successo e quindi, se siamo complici del male, è importante che ci chiediamo come possiamo porvi rimedio. Tutto ciò si ripercuote sulle politiche che sosteniamo, sui progetti a cui accettiamo di partecipare, su ciò che facciamo per aiutare a sostenere le comunità in riferimento a certi programmi, se questi si rivelano effettivamente dannosi. Penso che sia nostra responsabilità farci sentire e capire cosa possiamo fare con il potere e le risorse che abbiamo a nostra disposizione, perché l'unica ragione per cui ci troviamo in questa situazione è che qualcuno ci ha affidato il potere di modellare quell'ambiente. È davvero importante che ci chiediamo cosa possiamo fare con il potere che ci viene dato.

Pensi che lavorare in una nazione come gli Stati Uniti abbia cambiato il tuo approccio e il tuo pensiero (spaziale)?

Mi sento davvero fortunata a essere nata negli Stati Uniti, sebbene entrambi i miei genitori siano nigeriani. Ho molti parenti in Nigeria, e ho avuto la fortuna, nel corso della mia carriera professionale, di realizzare

I believe that this has allowed me to see how space operates in different contexts, how people relate to space in different environments, and to understand how culture influences our way of operating inside the built environment. I don't think one approach is better than the other; however, the world has allowed me to understand what we have in common when we talk about space. I have understood that each one of us has his own story and that the way we relate to the earth or to the places we frequent is closely connected to how we perceive them, and that we live in a world where if you are part of a marginalized population, regardless of the power structures, you inevitably find yourself in spaces that do not enhance you as they should. I think that working in different parts of the world has really opened my eyes to this aspect. Another thing I would like to say is that, yes, I do love the United States, but sometimes, especially in western countries it feels as if we thought we knew what is best for the others and we were here to teach them. I believe I have been really lucky, both for my family history and for the experiences I had in Africa and in the southern part of the world in general. . . they have really so much to teach us down there. Working and travelling in those environments has allowed me to learn about new ways of tackling problems, different solutions, and I don't know if I would have been able to learn these things had I exclusively worked in the United States. It is really important to understand who the real innovators are, and when we approach the concept of space, realize how they have influenced the way we make design. In my work in particular, I focus on matters of space and race, and in Africa design has a very complex history indeed. I'm thinking first and foremost of Sub-Saharan Africa, but also of the southern hemisphere in general. I believe that those of us working in Europe and America should look, listen and learn from these places.

diversi progetti nell'Africa subsahariana. Sotto tanti aspetti, credo che questo fatto mi abbia influenzata molto, soprattutto per quanto riguarda la mia visione del mondo e il mio approccio "globale" alla professione. Mi ha permesso di vedere come lo spazio operi in contesti diversi, di osservare come le persone si relazionino a esso in ambienti diversi e di capire come la cultura influenzi il nostro modo di agire all'interno dell'ambiente costruito. Non penso esista un approccio migliore di un altro; tuttavia, vedere il mondo mi ha consentito di capire quali siano i nostri punti in comune quando parliamo di spazio. Ho capito che ognuno di noi ha la propria storia, che il modo in cui ci relazioniamo con la terra o con i luoghi che frequentiamo è strettamente legato alla modalità con la quale li percepiamo, e che viviamo in un mondo in cui se fai parte di una popolazione emarginata, indipendentemente da quali siano le strutture di potere, immancabilmente ti trovi in spazi che non ti valorizzano come dovrebbero. Penso che lavorare in giro per il mondo mi abbia davvero aperto gli occhi a riguardo. L'altra cosa che vorrei dire è che, sì, amo gli Stati Uniti, ma a volte, soprattutto in Occidente, è come se pensassimo di sapere cosa sia meglio per gli altri e fossimo qui per insegnarglielo. Ritengo di essere stata davvero fortunata, sia per la mia storia familiare, sia per le esperienze che ho fatto in Africa e nel Sud del mondo in generale… hanno davvero molto da insegnarci, laggiù. Lavorare e viaggiare in quegli ambienti mi ha permesso di conoscere modi diversi di affrontare i problemi, di cercare soluzioni differenti, e non so se lavorando esclusivamente negli Stati Uniti ne sarei venuta a conoscenza. È davvero importante capire chi siano i veri innovatori e, quando ci avviciniamo al concetto di spazio, renderci conto di come questi abbiano influenzato il modo in cui facciamo design. Nel mio lavoro, in particolare, mi concentro sulle questioni di spazio e razza, ed effettivamente, in Africa, il design ha una storia molto complessa. Penso in primis all'Africa subsahariana, ma anche all'emisfero Sud in generale. Credo che chi di noi lavora in Europa e in America dovrebbe guardare, ascoltare e imparare da questi luoghi.

MANON MOLLARD

Editor, *The Architectural Review*

Direttrice, «The Architectural Review»

MAXXI got to know you through the Future Architecture Platform, an EU-funded network for the promotion of young talents in architecture. Do you think institutional programs have a positive impact on the evolution of the human/professional geography and on greater space being given to diversity in today's architecture?

A project like the Future Architecture Platform is brilliant because it welcomes many different viewpoints on the future of architecture and the possibilities for the discipline to contribute to society, but also because it generates collaborations between people from different cities, countries, environments, and institutions around the continent. The simple fact that this project creates a connection between people from very different contexts, people who in many cases are just at the beginning of their journey, is already very productive. One particularly positive aspect of this program is that it does not have a restricted vision of architecture and it contributes to expanding the definition of this profession and of architectural practice. I think we must challenge the ways in which architecture is currently practised, and look to expand the definition of architecture.

Let's move on to a much more established "institution": *The Architectural Review*. What is in your view the role "historical" printed publications may play today in terms of fueling a new "social and human geography" within the professions of architecture?

As a specialist publication, *The Architectural Review* has always advocated a rather expansive definition of architecture. It has

Il MAXXI ti conosce grazie a Future Architecture Platform, un progetto finanziato dall'Unione Europea per la promozione dei giovani talenti in architettura. Ritieni che i programmi istituzionali abbiano un impatto positivo sull'evoluzione della geografia sociale e professionale e sul maggiore spazio offerto alla "diversità" nell'architettura di oggi?

Un progetto come Future Architecture Platform è fantastico non solo perché abbraccia tantissimi punti di vista diversi sul futuro dell'architettura e su come questa disciplina possa contribuire alla società, ma anche perché genera collaborazioni tra persone provenienti da città, paesi, ambienti e istituzioni di tutto il continente. Il semplice fatto che questo progetto crei connessioni tra persone che vengono da contesti diversi, e che in molti casi sono solo agli inizi del loro percorso, mi sembra già di per sé molto produttivo. Un aspetto particolarmente positivo di questo programma è che non riflette una visione ristretta dell'architettura, ma contribuisce ad ampliare la definizione del ruolo dell'architetto e della pratica architettonica. Credo che sia necessario mettere in discussione i modi in cui pratichiamo architettura oggi e cercare di ampliarne la definizione.

Passiamo a un'istituzione con una storia molto più radicata, «The Architectural Review». Che ruolo pensi possa avere oggi l'editoria cartacea "tradizionale" nel definire una «geografia sociale e umana» più equa nell'ambito delle professioni in architettura?

«The Architectural Review» è una rivista che ha sempre sostenuto una definizione piuttosto ampia del concetto di architettura,

always been interested in the wider forces that shape architecture and looked at the impact that buildings in turn have on the world. The first issue of the magazine was published in November 1896 and the fact that *The Architectural Review* has a history of over 126 years means its archive is full of treasures. As an editorial team we continue to rely on this archive, to refer to and scan past issues. But the magazine is also evolving. I believe it is important to question this history and view it in a critical light, especially when we consider the editorial practices that have shaped the magazine over the years. Since 2020, together with the other editors, we have been reflecting on the ways in which *The Architectural Review*'s editorial practice must evolve. Being small and based in London, our team is rather homogeneous, so we tried to find ways to expand and diversify our vision, both individually and as a group. To this end, we started building a network of editorial contributors and organizing workshops to present and discuss ideas coming from different perspectives, in order to expand the cultural production of *The Architectural Review*. We are trying to build a sustainable, fair, progressive practice that is also reflective and accurate. We want it to be radical, but also inclusive and transformative.

You started at *The Architectural Review* as an editorial assistant in 2014 and became editor in 2018. Do you think that today diversity and gender issues play a specific role in the process of innovating architectural culture? Do you think being a woman still has any kind of (good or bad) impact on your work context?

The Architectural Review has existed for more than 126 years, and I am its sixteenth editor. I am the third of a series of three female editors—which means that before us there have been thirteen male editors. It is interesting to see that, at this moment, many architecture publications, in the UK at least, are directed by women, or have

interessandosi alle grandi dinamiche che modellano la disciplina e all'impatto che questa ha sul mondo. Il primo numero della rivista fu pubblicato nel novembre del 1896 e il fatto che «The Architectural Review» vanti una storia di più di centoventisei anni significa che il suo archivio è colmo di tesori. Come redazione, continuiamo a frequentare questo archivio usandolo come fonte di documentazione e digitalizzando i numeri storici della rivista, che comunque si è evoluta nel tempo. Ritengo sia importante mettere in discussione la nostra storia e considerarla con un occhio critico, soprattutto nell'esaminare le pratiche editoriali che hanno plasmato la rivista nel corso degli anni. A partire dal 2020, insieme agli altri editor, abbiamo riflettuto sui modi in cui la pratica editoriale di «The Architectural Review» si sarebbe dovuta evolvere. Essendo piccola e basata a Londra, la nostra redazione risulta piuttosto omogenea, quindi abbiamo cercato di trovare dei modi per espandere e diversificare le nostre vedute, sia a livello individuale, sia come gruppo. A questo fine abbiamo costruito una rete di collaboratori editoriali e organizzato workshop con l'obiettivo di discutere idee provenienti da più posizioni, in modo da ampliare la produzione culturale di «The Architectural Review». Stiamo cercando di sviluppare una pratica che sia sostenibile, equa, progressista, ma anche riflessiva e attenta. Vogliamo che sia radicale, ma anche inclusiva e trasformativa.

A «The Architectural Review» entri come assistente nel 2014 e diventi direttrice nel 2018. Credi che la diversità e le problematiche di genere abbiano un ruolo importante per il rinnovamento della cultura architettonica? Pensi che il tuo essere donna abbia mai avuto una qualche influenza (positiva o negativa) sul tuo contesto lavorativo?

«The Architectural Review» esiste da più di centoventisei anni, e io ne sono la sedicesima direttrice. Di fatto, sono l'ultima di una serie di tre direttrici donne,

a significant number of female editors in their team. The situation was completely different a few years ago; this change has happened rather rapidly. At *The Architectural Review* we believe that it is really important to move away from binary gender distinctions and to explore the fluidity, the multiplicity, and the constant evolutions of gender identities. In 2020 for instance, we decided to change the name of the Women in Architecture Awards to W Awards. Beyond questions of gender and sexuality, masculinity and feminism—to which we have dedicated March issues of the AR over recent years—the idea of deconstructing conventions has wider implications in the field of architecture. Questioning the nuclear family structure for instance forces us to reconsider the way we design houses and other residential spaces. When Christine Murray, who founded the Women in Architecture Awards as editor of the *Architects' Journal* (the sister title of *The Architectural Review*) suggested to bring these awards to the AR when she became editor in 2015, my first reaction was that these awards were not necessary. In retrospect, that was very naive of me. I had never felt discriminated against, not while I was attending the school of architecture, not while working as an architect. If you had asked me, I would never have said that the fact of being a woman had in any way hindered my professional career. But I soon realized that I was wrong, that different women in different parts of the world were having very different experiences, and that it was critical to shine a light on these inequalities—to see these inequalities addressed and these experiences improve—and to actively make space for the careers of inspiring women to be presented to readers, and particularly to younger architects. A few years down the line, it felt important to rethink the awards' name. We very much like the name "W" because on the one hand it is still connected to the origins of the awards but it also shows the need to constantly rethink what we do and to reformulate how

il che significa che siamo state precedute da tredici direttori uomini. È interessante notare che, in questo momento, molte pubblicazioni di architettura, almeno nel Regno Unito, sono dirette da una donna, o hanno molte donne all'interno della redazione. La situazione era completamente diversa qualche anno fa, dunque questo cambiamento è avvenuto abbastanza rapidamente. A «The Architectural Review» pensiamo che sia davvero importante prendere le distanze da distinzioni binarie di genere ed esplorare invece la fluidità, la molteplicità e le costanti evoluzioni dell'identità di genere. Per esempio, nel 2020, abbiamo deciso di cambiare il nome dei *Women in Architecture Awards* in *W Awards*. Al di là di questioni di genere e sessualità, mascolinità o femminilità – a cui negli ultimi anni abbiamo dedicato i numeri di marzo della rivista – l'idea di decostruire convenzioni ha implicazioni più ampie nel campo dell'architettura. Mettere in discussione la struttura nucleare della famiglia per esempio ci costringe a ripensare il modo in cui progettiamo le case e gli altri spazi residenziali. Quando Christine Murray – fondatrice dei *Women in Architecture Awards* in quanto editor dell'«Architects' Journal», la testata sorella di «The Architectural Review» – suggerì di portare questi premi nella nostra rivista quando ne assunse la direzione nel 2015, come prima reazione pensai non fossero necessari. A posteriori vedo come il mio fosse un approccio molto ingenuo. Non mi ero mai sentita discriminata, né mentre frequentavo la scuola di architettura, né mentre praticavo la professione. Se me lo aveste chiesto, all'epoca non avrei mai detto che il fatto di essere donna avesse in qualche modo inficiato il mio percorso lavorativo. Tuttavia mi sono presto resa conto di essere in errore, e che diverse donne in altre parti del mondo avevano esperienze differenti. Era davvero importante mettere in risalto queste disuguaglianze – per affrontarle e per migliorare le esperienze di tutte –, e fare attivamente spazio alle carriere

we talk about what we do: how we think about identity, how we understand gender structures and systems of categorisation, and how they are connected to the myriad intersectional challenges that marginalised groups face. The language we use to address these matters is important because it shapes our way of thinking.

di donne che potessero essere fonte di ispirazione per i nostri lettori, giovani architetti in particolare. Dopo qualche anno, ci è sembrato importante ripensare il nome del premio. Ci piace molto il nome *W Awards*, non solo perché rimanda alle origini del premio, ma anche perché mostra la necessità di riformulare costantemente il nostro ruolo e il modo in cui comunichiamo ciò che facciamo: in che modo pensiamo all'identità, come comprendiamo le strutture di genere e i sistemi di categorizzazione, e come questi si colleghino alla miriade di sfide intersezionali che i gruppi marginalizzati sono chiamati ad affrontare. Il linguaggio che usiamo per discutere di queste cose è importante, perché dà forma al nostro modo di pensare.

MARIANA PESTANA

Architect, curator, researcher

Architetta, curatrice, ricercatrice

Part of your research focuses on the critical issues of an era marked by technological progress and ecological crisis. In your opinion, what are the priorities for an architecture curator?

What most matters to me is being able to use cultural events, exhibitions, commissions, the tools I work with in general, to create spaces where non-traditional programs and practices can be experimented, tested, and rehearsed. When I think about my activity as a curator, I see it as a way of creating spaces where people can imagine different futures and alternatives to the dominant ideas and practices that may seem inevitable. I believe that curatorial projects can act like synecdoches, that is, parts of a greater whole, and I like to think that certain ideas can be seen and experimented with via their actualization within the framework of cultural programs. I believe that curatorial practice *can* make certain futures more plausible, by implementing them, even only for a limited time and in a limited space.

You are one of the founders of The Decorators. How does this collective operate on the social fabric through spatial and architectural design?

The Decorators is a multidisciplinary design group. We develop cultural programs, spatial interventions and installations that often create connections between local authorities, institutions operating in the cultural field or other sectors, and groups of people and communities that are generally not represented, heard or involved by such institutions. Xavi Llarch Font, one of the partners of The Decorators, usually describes our projects as "rehearsals" and I like that definition. It is as if we tested alternative futures and carried out those

Parte della tua ricerca è incentrata sulle criticità di un'epoca segnata dal progresso tecnologico e dalla crisi ecologica. Quali sono secondo te le priorità per un curatore di architettura?

Ciò a cui più tengo è riuscire a sfruttare eventi culturali, mostre e commissioni, e in generale gli strumenti con cui lavoro, per creare spazi in cui si possano sperimentare, testare e provare sul campo programmi e pratiche non tradizionali. Quando penso alla mia attività di curatrice, la vedo come un'occasione per creare spazi in cui le persone possano immaginare futuri diversi e alternative a idee e pratiche che oggigiorno predominano e che possono sembrare ineludibili. Credo che i progetti curatoriali siano come una sineddoche, una parte di un insieme più grande, e mi piace pensare che alcune di queste idee possano essere viste e sperimentate tramite la loro attualizzazione all'interno di un programma culturale. Penso che la pratica curatoriale possa davvero rendere certi futuri più plausibili mettendoli in atto anche se solo per un lasso di tempo e in uno spazio limitati.

Sei una delle fondatrici di The Decorators. In che modo questo collettivo opera sul tessuto sociale attraverso la progettazione spaziale e architettonica?

The Decorators è un gruppo di design interdisciplinare. Realizziamo programmi culturali, interventi spaziali e installazioni che spesso creano collegamenti tra autorità locali, istituzioni che operano in ambito culturale o in altri settori e gruppi di persone o comunità che tali istituzioni tendono a non rappresentare, ascoltare e coinvolgere. Xavi Llarch Font è solito descrivere i nostri progetti come "prove", e devo dire che questa

tests in a dialogue with many people. Our projects are collaborative, and they often end up involving a huge number of participants. What we're aiming at is to use design, architecture and experiences as leverage to ask questions and raise objections to futures that are presented to us as inevitable or highly probable, coming up with alternative propositions. Our projects are almost like tangible fictions, or concrete speculations.

Over the course of your career did you make choices that were strongly influenced (in a positive way) by the fact you are a woman?

Having been an architecture student, I realized very early on about the lack of women and of plurality in the school of architecture curriculum. Many of my teachers were men, mostly white men. Most of the architects we considered during history classes were men. I believe that being a woman, thus experiencing in first person this lack of representation, has had a strong impact on my professional activity. With The Decorators, for instance, we always give space to those who normally stay at the margins of conversations about the city and its future. Most of our projects are above anything else, listening devices. Recently we took part in the making of the British pavilion at the Venice Architecture Biennale, and on that occasion, we were asked to develop a project on pubs, seen as the quintessence of British heritage. We ended up developing a research project on three case studies focusing on three pubs, the Desi, the Bevy and the Joiners Arms that reimagine the British pub. It celebrates how communities are imagining new models of ownership and use to reinstate the pub as a place of sanctuary and resistance, and in turn expand who this British institution is for.

definizione mi piace. È come se testassimo dei futuri alternativi e lo facessimo in dialogo con moltissime persone. I nostri progetti sono di natura collaborativa e spesso finiscono per coinvolgere un numero enorme di partecipanti. Cerchiamo di fare leva sul design, sull'architettura e sulle nostre esperienze per porre domande e sollevare obiezioni riguardo a futuri che ci vengono presentati come inevitabili o altamente probabili, proponendo delle alternative. I nostri progetti potrebbero definirsi finzioni o speculazioni tangibili concrete.

Nel corso della tua carriera, ci sono state scelte in cui il tuo essere donna ha avuto un ruolo e un impatto (positivo) rilevante?

Da studentessa, mi sono ben presto resa conto della mancanza di rappresentanza e pluralità nelle scuole di architettura: molti dei miei professori erano uomini, per lo più bianchi, e la maggior parte degli architetti presi in considerazione nei corsi di storia erano uomini. Ritengo che il fatto di essere una donna, e dunque di aver toccato con mano questa mancanza di rappresentazione, abbia fortemente influenzato la mia attività professionale. Con The Decorators, per esempio, diamo sempre spazio a coloro che normalmente non vengono inclusi nel dibattito sulle città e sul loro futuro. La maggior parte dei nostri progetti sono essenzialmente degli strumenti di ascolto. Recentemente abbiamo preso parte alla realizzazione del padiglione britannico alla Biennale Architettura di Venezia, in quell'occasione ci è stato chiesto di sviluppare un progetto sui pub intesi come quintessenza della cultura tradizionale inglese. Abbiamo realizzato un progetto di ricerca incentrato su tre casi di studio di pub: il Desi, il Bevy e il Joiners Arms che reimmaginano il tipico pub britannico. Questo progetto celebra il modo in cui le comunità immaginano nuovi modelli di proprietà e utilizzo, per riaffermare il pub come luogo di rifugio e resistenza dando spazio a coloro per cui questa istituzione è stata creata.

MARTHA THORNE

Dean, IE School of Architecture and Design

Preside, IE School of Architecture and Design

You were a member of the Board of Advisors of the International Archive of Women in Architecture. What is this institution, what is its purpose, and what has been its impact on the issues the exhibition *Good News* is trying to explore today?

The International Archive of Woman in Architecture is an archive collecting records and material about women architects from all over the world. It was founded at Virginia Tech thanks to a collaboration between the School of Architecture and its library. It is a very interesting organization stemming from the founding women's awareness of the need to create an unprecedented type of archive on a global level. Materials regarding the work of women architects are of course stored in different archives and places, but the Virginia Tech is an attempt to create a living archive that might provide a model so that other institutions may document the history and the work of women architects, making this information accessible not only to students but also to a wider community. We focused on the roles of women, on their knowledge, works and their experience and then we collected material. It is not a complete archive, but it is growing. It is a very sustainable archive, and above all, I believe it provides a tangible example for other institutions, it indicates a pathway. A positive aspect of this archive is that it does not collect star-architects but rather very talented and competent women that might not have received the attention they deserved. I believe it reflects the individuality of these women, but also the time and places in which they operated. In this respect, I believe that this archive has a great future and great potential ahead of it. I am also so pleased that an exhibition is using multiple formats and multiple voices to

Sei stata membro del Board of Advisors dell'International Archive of Women in Architecture. Cosa rappresenta questa istituzione, quali sono i suoi obiettivi e qual è stato il suo impatto sulle questioni che la mostra *Buone nuove* sta cercando di affrontare?

L'International Archive of Woman in Architecture è un archivio che raccoglie documenti e materiali relativi alle architette di tutto il mondo, ed è stato istituito presso la Virginia Tech grazie a una collaborazione tra la Scuola di Architettura e la sua biblioteca. Si tratta di un'organizzazione molto interessante, frutto della presa di coscienza delle donne rispetto alla necessità di creare un'inedita tipologia di archivio a livello globale. Naturalmente, i materiali relativi alle architette sono custoditi in diversi luoghi e archivi, ma Virginia Tech rappresenta il tentativo di costituire un archivio vivo che possa fungere da modello per altre istituzioni, affinché documentino la storia e le opere delle architette e rendano queste informazioni accessibili non solo agli studenti, ma anche a una comunità più ampia. Ci siamo concentrati sul ruolo delle donne, sul loro sapere, sulle loro opere ed esperienze, procedendo poi alla raccolta del materiale. Non è un archivio completo, ma è in fase di crescita. È un archivio molto sostenibile e, più di ogni altra cosa, ritengo rappresenti un modello tangibile per altre istituzioni, indicando una strada da percorrere. Un aspetto positivo di questo archivio è che non raccoglie archistar, ma donne di grande talento e competenza, che forse non hanno mai avuto l'attenzione che meritano. Credo che questa istituzione rifletta l'individualità di queste donne, ma anche il tempo e il luogo in cui hanno operato. In questo senso, penso che il nostro archivio abbia un grande futuro e grandi potenzialità davanti a sé.

explore current and complex issues of today. When cultural institutions look at issues such as inequality in architecture, they can open new doors to understanding and change.

You became Pritzker Prize executive director in 2005 and stepped down in 2021. In 1991 Robert Venturi was individually awarded with no mention to Denise Scott Brown; Zaha Hadid was the first woman laureate in 2004; among the members of the teams awarded over the last five editions we count four women and five men. Is this the sign of authentic change?

I think there has been an important evolution in the jury, in its way of evaluating architecture and in how it selects the winner or winners. Although I was not involved in the Prize when Robert Venturi was selected, the more recent protests and demand to grant a prize to Denise Scott Brown is a painful subject for me. Women students at Harvard made a petition asking Denise Scott Brown to be retroactively awarded the Pritzker Prize. Every time someone signed the petition, I received an email. Over twenty thousand signatures were collected. This is a complex matter, because we must consider who was part of the jury in 1991, how the selection process and criteria were understood at the time, what was the purpose of the award and what the jury aimed for.
In 1991 the award for built architectural works that expressed the "art of architecture and service to humanity" was far more focused on the author, on one individual architect. Today, on the contrary, we acknowledge the different roles of those who are part of the team. It's not that the work practice has become more collaborative. It's that now we acknowledge the value of collaboration. So what is the current situation of the Pritzker Prize? I believe it is far more attuned to how architecture is practiced. It also seems that the prize is highlighting the goal of "service to humanity." I believe it also recognizes that there are multiple ways of making architecture. The tools and the methods are multiple and heterogeneous, and one is not

Sono inoltre molto lieta che una mostra stia utilizzando più format e più voci per esplorare questioni attuali e complesse del nostro tempo. Quando le istituzioni culturali si occupano di questioni come la disuguaglianza in architettura, possono aprire nuove vie verso la comprensione e il cambiamento.

Sei stata direttrice esecutiva del Pritzker Prize dal 2005 al 2021. Nel 1991 Robert Venturi vinse individualmente il premio, senza alcuna menzione per Denise Scott Brown; Zaha Hadid è stata la prima donna a vincere il Pritzker Prize nel 2004; tra i membri dei gruppi premiati nelle ultime cinque edizioni si contano quattro donne e cinque uomini. Si tratta di un segno di autentico cambiamento?

Credo che ci sia stata un'importante evoluzione da parte della giuria, sia nel modo di valutare l'architettura, sia nelle modalità di selezione del vincitore o dei vincitori. Sebbene non fossi coinvolta nel Pritzker Prize quando Robert Venturi fu selezionato, le recenti proteste e le richieste di riconoscere un premio a Denise Scott Brown sono una questione dolorosa per me. Le studentesse di Harvard lanciarono una petizione chiedendo che a Denise Scott Brown venisse riconosciuto retroattivamente il Pritzker. Ogni volta che qualcuno firmava, io ricevevo un'email, e furono raccolte oltre ventimila firme. Si tratta di una vicenda complessa, perché dobbiamo considerare chi faceva parte della giuria nel 1991, come erano stati intesi al tempo il processo e i criteri di selezione, quali fossero gli obiettivi del premio e a cosa ambisse la giuria.
Nel 1991, il premio per opere architettoniche che fossero espressione «dell'arte dell'architettura e un servizio per l'umanità» era molto più incentrato sull'autore, sul singolo architetto. Oggi, invece, riconosciamo i diversi ruoli di coloro che sono parte del team. Non è che la modalità di lavoro sia diventata più collaborativa, è che ora riconosciamo il valore della collaborazione. Qual è, quindi, la situazione attuale del Pritzker Prize? Penso sia molto

necessarily better than the other. In general, I think that it is a way of opening up and this naturally reflects not only in terms of genre, but also in the way those who win approach the field of architecture. Today, the prize is far more varied than it was originally.

Your career has always developed at first-rate institutions: the Art Institute in Chicago, then the Pritzker, now the IE University in Spain. Do you think institutions have a special role in promoting gender equality and inclusion in art and architecture?

Institutions, especially academic institutions, play a very important role in reaching the goal of gender equality. I believe that today in 2021, the forms of discrimination are far more subtle than they used to be forty years ago. There are many types of discrimination and I believe that academic institutions that create and disseminate knowledge with the objective of creating better societies —architecture and design schools especially—must become microcosms of that better society they want to create.

più in sintonia con il modo in cui si pratica l'architettura e che sottolinei maggiormente l'aspetto di «servizio all'umanità». Credo inoltre riconosca che ci sono molti modi di fare architettura. Gli strumenti e i metodi impiegati sono numerosi ed eterogenei e non necessariamente uno è migliore dell'altro. In generale, credo che questo sia un momento di apertura e che, naturalmente, si rifletta non solo in termini di genere, ma anche nel modo in cui i vincitori si approcciano all'architettura. Oggi il premio è molto più variegato di quanto non fosse in origine.

La tua carriera si è svolta sempre all'interno di istituzioni molto autorevoli: prima l'Art Institute di Chicago, poi il Pritzker, infine la IE University in Spagna. Credi che le istituzioni abbiano un ruolo speciale nella promozione della parità di genere e dell'inclusione sociale nell'arte e nell'architettura?

Le istituzioni, specialmente quelle accademiche, svolgono un ruolo importantissimo nel raggiungimento dell'uguaglianza di genere. Penso che oggi, nel 2021, le forme di discriminazione siano molto più sottili di quanto non fossero quarant'anni fa. Esistono molti tipi di discriminazione, e ritengo che le istituzioni accademiche, che creano e diffondono conoscenza con l'obiettivo di creare società migliori – specialmente le scuole di architettura e design –, debbano diventare microcosmi di quella società migliore che vogliono creare.

STORIES
STORIE

Stories of Women Architects for a New History of Architecture

Elena Tinacci

In 1890 in Helsinki, Signe Hornborg was the first woman ever to graduate in architecture. That was the beginning of women's long and often uneasy journey in the world of architecture: women architects, critics, scholars, who with their works, writings, and own biographies outlined the feminine side of this profession, all the way to the generations closer to ours. Among them are famous names, of women who during this journey acted as true game changers, alongside many other long-neglected, if not forgotten, professionals.

The *Stories* collected in the *Good News* exhibition are almost ninety: stories of women who have animated the international scene of architecture, from Europe to the United States, from North Africa to the Far East and South East Asia, in a list—here democratically presented in alphabetical order—that brings together a wide variety of events, projects, and generations.

In the exhibition these stories were divided into eight categories connected to the approach to the work and the profession of each of these women or to professional entities partially or entirely consisting of women. Categories that in Matilde Cassani's exhibition design are each corresponding to a table, where these women meet as if they were commensals, with their drawings, documents, photographs, models, publications and whatever else there might be in an architect's studio or archive. And as it may happen around a dinner table, those tables become spaces where strangers that history had never brought together, or women related by events, design themes, or common historical contexts could meet for the first time.

Storie di architette per una nuova storia dell'architettura

Elena Tinacci

Nel 1890 Signe Hornborg è la prima donna a laurearsi in
architettura a Helsinki. Da allora comincia il percorso, lungo
e spesso accidentato, compiuto dalle donne che hanno operato
nel mondo dell'architettura: progettiste, critiche, studiose che con
le loro opere, i loro scritti, le loro stesse biografie hanno tratteggiato
il volto femminile della professione, fino alle generazioni più vicine
a noi. Tra loro compaiono nomi celebri, legati a figure che hanno
avuto un ruolo di reali *game-changers* lungo questo stesso percorso,
ma dalle pagine della storia emergono anche tante altre figure
a lungo trascurate, se non addirittura dimenticate.

Le *Storie* raccolte nella mostra *Buone nuove* sono
quasi novanta: storie di donne che hanno animato la scena
dell'architettura mondiale, dall'Europa agli Stati Uniti, dal Nord
Africa all'Estremo Oriente, al Sudest asiatico, in una lista – qui
presentata democraticamente in ordine alfabetico – che tiene
insieme vicende, progetti, generazioni, anche molto diversi tra loro.

Nella mostra queste storie sono state invece articolate
in otto categorie legate alle relazioni intrinseche con l'approccio
al lavoro e alla professione di ciascuna di queste donne, o realtà
professionali fatte solo o anche da donne. Categorie che,
nell'allestimento ideato da Matilde Cassani, hanno trovato posto
su altrettanti tavoli nei quali le protagoniste si trovano idealmente
insieme, come commensali, con i loro disegni, documenti,
fotografie, modelli, pubblicazioni e quant'altro compare nello
studio o nell'archivio di un architetto. E insieme su ciascun
tavolo, come a volte accade in una cena, si incontrano figure tra
loro sconosciute, perché la storia non le ha mai fatte incontrare,

The first of the eight categories is that of the *First Women* (*Prime Donne*), trailblazers who have opened a pathway for women in this profession and discipline, who with their own stories have written crucial pages in the history of architecture. Iconic and sensational figures such as Zaha Hadid, the first woman to receive the Pritzker Prize in 2004, an award that perhaps she would never have received had there not been other women before her marking important milestones. From the first women who graduated in architecture at the end of the nineteenth century, to the pioneers in the specific fields of this profession and discipline, as well as a very important woman, whose impact goes way beyond the field of architecture and whose name was Norma Merrick Sklarek, the first Afro-American woman to access this profession.

A category that could be read almost as a logical consequence of the previous one is that of the so-called *Lady Managers*, a denomination recalling the Board of Lady Managers established for the 1893 World's Columbian Exposition in Chicago and composed of women engaged in the management of women-related aspects in the framework of the fair itself. Today, with a bold conceptual leap we may associate this denomination with those women who were and are managers of themselves and of their own professional activity, reflecting in the organization of their office, in their approach to professional architecture, or even in the spirit they infuse into their work. Women sharing the incredible charisma they put at the service of their creative vision, of the management of a building site, or of a courageous experimental approach, allowing themselves to break through the so-called "glass ceiling," the invisible, yet impassable barrier that obstructed and still obstructs the career of many women. Managers by chance as well as energetic, tenacious spirits who work with great diligence without ever forgetting to use part of their energy to demand space for other women in architecture.

For a long time, women were excluded from professional leadership and encouraged to undertake academic, publishing, and teaching activities. In those fields they occupied

ma anche figure affini per vicende, temi progettuali, momenti storici condivisi.

Ci sono quindi le *Prime donne*, coloro che hanno aperto una strada nell'ambito della professione e della disciplina al femminile, scrivendo con le proprie vicende pagine fondamentali nella storia dell'architettura. Come la figura iconica e dirompente di Zaha Hadid, prima donna a ricevere il Premio Pritzker nel 2004, un riconoscimento che forse non sarebbe mai arrivato se non vi fossero state altre donne che per prime hanno segnato tappe rilevanti. Dalle prime a laurearsi in architettura alla fine del XIX secolo, alle pioniere di specifici campi della professione e della disciplina, a una figura carica di significato, ben oltre l'ambito architettonico, come quella di Norma Merrick Sklarek, prima afroamericana ad avere accesso alla professione.

Concepibile quasi come naturale conseguenza logica è la categoria delle cosiddette *Lady Managers*, nome che richiama il Board of Lady Managers, istituito in occasione della fiera colombiana di Chicago del 1893 e costituito da donne impegnate nella gestione delle questioni femminili legate alla fiera stessa. Con un importante salto concettuale questa definizione può essere oggi associata a quelle donne che sono manager di loro stesse e della propria attività professionale, in virtù della forma organizzativa dello studio che dirigono o dell'attitudine nei confronti del mondo della professione o ancora dello spirito impressi al proprio lavoro. Donne accomunate da un incredibile carisma messo al servizio della visione creativa, della gestione di un cantiere o di uno sperimentalismo coraggioso che ha consentito loro di rompere il cosiddetto "tetto di vetro", quella barriera invisibile, eppure invalicabile, che ha ostacolato e ostacola tuttora la carriera di molte professioniste. Manager per caso ma anche per tenacia, spiriti energici che hanno lavorato con grande solerzia senza mai dimenticare di riservare parte della loro energia alla rivendicazione di uno spazio per le donne in architettura.

Del resto, per molto tempo, le donne sono state respinte da ruoli di leadership professionale e indirizzate verso

a relevant space, producing books, lectures, cultural programs, and intellectual constructions more solid than buildings. After all architecture is still an extremely powerful means of intervention on reality in its intangible dimension; it is a tool of criticism and propaganda, the tangible expression of a thought, and an operational tool of a discipline which is obviously practical but also intrinsically theoretical. For women in particular, this potential has often translated into political and social action focusing on the condition of women and other marginalized categories. Yesterday the focus was mainly on women, while today, collectives, the historical ones as well as those well rooted in the present, find in the force and in the fluidity of the group the key for their political and corrective action, devoting their attention also to weaker social categories.

Collective work is a source of power: one only needs to think of the creative energy that can emanate from a couple due to the interaction and sharing of two minds connected by an intellectual and personal connection. *Couplings* is a category representing a very specific but also very common practice in architecture. If architecture implies group work, based on different competences and spirits, creative couples are small groups further strengthened by a personal bond. It is no coincidence that the history of twentieth-century architecture counts several famous couples—Aino and Alvar Aalto, Ray and Charles Eames, Alison and Peter Smithson—that we have finally learned to observe putting aside the usual gender hierarchies. But there are also less iconic—but nonetheless successful—cases of couple collaborations where the common work and research has translated into added value; just as there has been no shortage of cases, especially in the past, of women overpowered by the socially stronger presence of their partners.

There have also been many women architects who better had to, or wanted to leave their home country to find better opportunities for self-realization elsewhere. Mobility, common nowadays, was certainly less obvious in the past. The

attività di teoria, informazione e didattica. In quei campi le loro voci hanno occupato uno spazio importante, producendo libri, lezioni, programmi culturali e costruzioni intellettuali solide quanto e più di quelle materiali. L'architettura, del resto, è anche nella sua dimensione immateriale un potentissimo mezzo per intervenire nel reale. È un medium di critica e propaganda, espressione concreta di un pensiero, strumento operativo di una disciplina, evidentemente pratica ma anche intrinsecamente teorica. Per le donne in particolare questo potenziale si è spesso tramutato in un'azione politica e sociale sulla condizione femminile e di altre figure lasciate indietro. Ieri era soprattutto la donna stessa, oggi sono le categorie sociali più deboli cui è rivolta anche l'attenzione dei collettivi, sia storici sia ben radicati nel presente, che trovano nella forza e nella fluidità del gruppo la chiave per la loro azione politico-disciplinare.

Del resto, la condizione di un lavoro comune e condiviso è fonte di forza, basti pensare all'energia creativa che si sprigiona all'interno di una coppia grazie al confronto e alla condivisione di due menti legate sentimentalmente, oltre che intellettualmente. I *Duetti* rappresentano una modalità molto specifica ma anche molto comune nella pratica architettonica. Se l'architettura implica un lavoro di gruppo, fatto da competenze e animi diversi, le coppie creative sono piccoli gruppi ulteriormente cementati dalla relazione personale. Non a caso, nella storia dell'architettura del Novecento si incontrano diverse celebri coppie – Aino e Alvar Aalto, Ray e Charles Eames, Alison e Peter Smithson – che finalmente stiamo imparando a osservare senza le consolidate gerarchie di genere. Ma vi sono casi meno iconici – e non per questo meno felici – di collaborazioni di coppia in cui il lavoro e la ricerca comune sull'architettura si sono tradotti in un valore aggiunto. Come non sono mancati casi, per fortuna desueti, nei quali la figura femminile è rimasta schiacciata dalla presenza socialmente più forte del compagno.

Moltissime sono poi le architette che hanno potuto, dovuto o voluto lasciare il proprio paese di origine per trovare

Nomadisms of women-architects stem from a set of very diverse reasons all sharing a common vision of a profession in which expatriation is a means to reach full freedom of action. Lina Bo Bardi's case is exemplary: in Brazil she found her personal and professional realization and the tangible possibility to give shape and substance to all her architectural ambitions. Many women left Europe, mostly heading to the United States, where they became important players in the field of architecture. In other cases, the professional life of women architects took on a markedly nomadic character, leading them, with their background of theories, forms, and projects, to leave the western world to find ideas and opportunities between India and South East Asia, or between Africa and the Near East.

Moving on from biographical aspects to specific professional approaches, there have been women architects who through the spaces they imagined—either private or public, outdoor or indoor—have actually designed the scene on which most part of women, men, and children's life happens. In this *Staging*, the form and the principles according to which spaces are formally connotated and made functionally efficient directly affects the way they are experienced. Providing a stage for life in this sense is one of the core responsibilities in an architect's profession. An aspect architects became particularly aware of in the first decades of the twentieth century when they updated the domestic spaces and equipment to fit a new dimension of life, therefore also creating the architecture containing it. The house became the key setting for a "modern" life, a condition extending to spaces for leisure, commerce, and lastly, drawing closer to our day, to the spaces for culture and education, all the way to landscape and urban space, conceived as a space of representation.

Talking about urban space, we might ask: does a *City of Women*, designed by women for women exist? There are women who design entire cities from scratch, who offer utopian and radical visions leaving impactful traces on the town design to come, who build and rebuild portions of cities socially and physically

altrove opportunità di affermazione e margini operativi più efficaci. Questa condizione di mobilità, oggi comune, era certamente meno scontata in passato. I *Nomadismi* delle architette derivano da scelte che hanno ragioni molto diverse, ma le accomuna una visione della professione in cui l'espatrio è un mezzo per raggiungere la piena libertà di azione. Esemplare è il caso di Lina Bo Bardi, che ha trovato in Brasile la realizzazione personale e professionale e la concreta possibilità di dare forma e sostanza a ogni sua ambizione architettonica. Dall'Europa sono partite in molte, per lo più dirette negli Stati Uniti, dove sono diventate presenze forti sulla scena architettonica. In altri casi la vita professionale prende forme decisamente nomadi, portando le progettiste, con il proprio bagaglio di teorie, forme e progetti, a lasciare il mondo occidentale per trovare idee e occasioni lavorative tra India e Sudest asiatico, tra Africa e Vicino Oriente.

Spostandosi dalle biografie agli specifici approcci alla professione, vi sono autrici che nell'immaginare gli spazi – privati o pubblici, chiusi o aperti che siano – hanno disegnato di fatto la scena sulla quale viene rappresentata gran parte della vita quotidiana di donne, uomini, bambini. In questa *Mise en scène* la forma e i principi secondo i quali gli spazi sono connotati formalmente e resi efficienti funzionalmente condiziona direttamente il modo di viverli. Mettere in scena la vita in questo senso è una responsabilità fondante del mestiere dell'architetto che ne assume particolare consapevolezza quando, nei primi decenni del XX secolo, lavora per adeguare gli spazi e le attrezzature della casa a una nuova dimensione della vita e di conseguenza dell'architettura come suo contenitore. La casa diventa la scena essenziale per la vita "moderna" e questa condizione si estende agli spazi per il tempo libero, per il commercio e infine, avvicinandoci all'oggi, ai luoghi per la cultura e per l'istruzione, fino a giungere al paesaggio e allo spazio urbano, concepito come luogo della rappresentazione.

Parlando di spazio urbano, ci si chiede: esiste *La città delle donne*, pensata dalle donne per le donne? Esistono donne

reconnecting urban fabrics through residential and service industry districts, who suggest ways of experiencing them and who activate, with their projects, virtuous civic and sociological processes, without forgetting the aspect of urban green, which may take the form of park preservation or the equipment of a public area, as well as the topical concept of sustainability and experimental approaches suggesting a different way of reading the extra urban environment.

This happens also because the sensibility of an architect is mostly based on the capacity to detect *Traces* in the historical, urban, or natural landscape in which a new project will be set. These traces must be followed, outlined, and discovered, finding within them the most intrinsic reasons for the project itself. This is what architects working on the traces of history do, those working on and reactivating the memories of a sometimes very distant past, but it is also the approach of those architects operating in geographically distant cultural contexts who manage to create strong interactions between a contemporary project and local traditions. The study of the cities, the recovery of disused architectural complexes, the dialogue with preexistent archeological elements, the activation of new functions and even the most visionary ideas cannot but stem from a cultivated and sensitive reading of the more or less evident traces that the context reveals to those who know where to look. This is the case of the work of Elisabetta Terragni, Maria Giuseppina Grasso Cannizzo, and Nanda Vigo, to mention a few, whose projects MAXXI holds in its collections.

Because of course, in this great archive of women in architecture, there had to be all the women architects represented in the MAXXI collections, whose number keeps growing as we move closer to the present day, further evidence that something has changed and is still changing in this profession and that these changes are definitely *Good News*.

che disegnano intere città *ex novo*, propongono visioni utopiche
e radicali lasciando tracce di grande impatto sulle successive opere di
town design, costruiscono o ricostruiscono brani di città ricucendo,
socialmente e fisicamente, i tessuti urbani attraverso quartieri
residenziali e servizi, suggeriscono modi per viverli e attivano, con
i loro progetti, processi virtuosi in senso civico e sociologico, senza
dimenticare il tema del verde urbano, inteso come parco da tutelare
o spazio pubblico da attrezzare, per giungere al più attuale concetto
di sostenibilità e a esperimenti che propongono un diverso modo di
pensare anche l'ambiente extraurbano.

Ciò succede anche perché la sensibilità dell'architetto
si fonda in larga parte sulla capacità di individuare delle *Tracce* nel
paesaggio storico, urbano o naturale che dovrà accogliere un nuovo
progetto. Su queste bisogna muoversi, ripercorrendole, riportandole
alla luce, trovandovi, insomma, le ragioni più intrinseche del
progetto stesso. È quanto fa chi lavora sulle tracce della storia,
sulle memorie di un passato anche molto lontano riattivandone
la vita nel presente, ma è anche l'operazione compiuta da chi
si muove in contesti culturali geograficamente distanti riuscendo a
creare forti risonanze tra il progetto contemporaneo e le tradizioni
locali. Lo studio della città, il recupero di complessi architettonici
dismessi, il confronto con preesistenze archeologiche, l'attivazione
di nuove funzioni e persino le idee più visionarie, non possono
che partire da una lettura colta e sensibile delle tracce più o meno
evidenti che il contesto rivela a chi le sa trovare. Come accade, tra
le altre, nell'opera di Elisabetta Terragni, Maria Giuseppina Grasso
Cannizzo, Nanda Vigo, delle quali il MAXXI conserva progetti
nelle proprie collezioni.

Perché ovviamente in questo grande archivio di
donne in architettura, non potevano mancare tutte le progettiste
documentate nelle collezioni del MAXXI, il cui numero si fa
sempre più corposo a mano a mano che ci si avvicina all'oggi,
alle generazioni più prossime a noi, ulteriore prova che qualcosa
è cambiato, che ancora sta cambiando nella professione, e questi
cambiamenti sono indubbiamente delle *Buone nuove*.

AINO AALTO

Couplings

Helsinki, Finland, 1894–1949

Designer and architect Aino Aalto studied at the Helsinki Institute of Technology. In 1924 she began working in the studio of Alvar Aalto, whom she married that same year. Their relationship led to a long, fruitful collaboration that saw Aino take charge of interior design and furniture, as exemplified by the famous Villa Mairea. However, her fame is mainly due to the glass objects she designed, such as the glasses that bear her name and the Savoy vase she designed with her husband. In 1935, she founded the Artek furniture and accessories company together with Alvar Aalto and other partners.

Aino and Alvar Aalto in their home office in the Aalto House, Helsinki, 1941. Photo A. Pietinen, Alvar Aalto Foundation

Aino and Alvar Aalto, The *Aalto* vase, known also as the *Savoy* vase, 1936. Photo Maija Holma, Alvar Aalto Foundation

Duetti

Helsinki, Finlandia, 1894-1949

Designer e architetta, studia all'Istituto di Tecnologia di Helsinki e nel 1924 inizia a lavorare presso lo studio di Alvar Aalto, con il quale si sposa nello stesso anno. Ne scaturisce una lunga e fruttuosa collaborazione in cui ad Aino, nella fase di progettazione condivisa, spettano per lo più il design degli interni e l'arredamento, come nella celebre Villa Mairea. Ma sono soprattutto i suoi oggetti in vetro che l'hanno resa nota, come i bicchieri che portano il suo nome e il vaso Savoy disegnato con il marito. Nel 1935 con Alvar Aalto e altri soci fonda l'azienda di arredi e complementi Artek.

Aino e Alvar Aalto nella loro casa-studio Villa Aalto, Helsinki, 1941. Foto A. Pietinen, Alvar Aalto Foundation

Aino e Alvar Aalto, Il vaso *Aalto*, anche noto come vaso *Savoy*, 1936. Foto Maija Holma, Alvar Aalto Foundation

DIANA AGREST

Voices

Buenos Aires, Argentina, 1945

Originally from Argentina, Diana Agrest arrived in New York in the early 1970s, at a time of great architectural and intellectual activity. While working at Princeton (as the first woman lecturer), the Cooper Union and the IAUS, she participated in the development of a post-structuralist approach to architecture. She founded a studio with Mario Gandelsonas in 1978. She has a keen interest in filmmaking and *The Making of an Avant-garde*, a summary of which can be seen in the exhibit, is an essential document of that period and a testimony to the then close relations between New York and the Italian scene.

Diana Agrest with Manfredo Tafuri outside Diana Agrest's office at the Institute for Architecture and Urban Studies, New York City, 1975

Institute for Architecture and Urban Studies, group photograph, c. 1977

© Diana Agrest. Courtesy Diana Agrest

Voci

Buenos Aires, Argentina, 1945

Nata in Argentina, Agrest arriva a New York all'inizio degli anni settanta, in un momento di grande vitalità architettonica e intellettuale. Mentre lavora tra Princeton (come prima docente donna), alla Cooper Union e presso lo IAUS partecipa allo sviluppo di un approccio post strutturalista all'architettura. Fonda nel 1978 uno studio con Mario Gandelsonas. Diana Agrest nutre, inoltre, vivo interesse per il mezzo cinematografico, il suo *The Making of an Avant-garde*, di cui in mostra è visibile una sintesi, è un documento essenziale di quel periodo e delle relazioni allora intensissime tra New York e la scena italiana.

Diana Agrest con Manfredo Tafuri davanti all'ufficio di Agrest all'Institute for Architecture and Urban Studies, New York, 1975

Institute for Architecture and Urban Studies, foto di gruppo, 1977 circa

© Diana Agrest. Courtesy Diana Agrest

CARMEN ANDRIANI

Traces

Rome, Italy, 1953

As an architect and lecturer in Architectural and Urban Design, Carmen Andriani studies the transformations generated by the decommissioning of buildings and large infrastructures, especially port areas. She has extended this research to the new ways people live in metropolitan contexts and to the relationship between large archaeological systems and landscape design. These themes also emerge in her professional activity, which has enabled her to be involved in numerous projects often drawn up in the context of national and international calls for proposals.

Carmen Andriani, Casa del Petrarca, Arezzo, 2013
Utopia Concreta, temporary urban installation for *Icastica*, Piazza San Jacopo, Arezzo 2013, top view of the installation
Photo RITACARIOTI©PHOTO, Courtesy Carmen Andriani

Tracce

Roma, Italia, 1953

Architetto e docente di Progettazione architettonica e urbana, svolge attività di ricerca sulle trasformazioni indotte nel territorio dalla dismissione di manufatti e grandi opere infrastrutturali, aree portuali in particolare. Ha esteso tale ambito a tematiche inerenti le nuove modalità d'abitare in contesti metropolitani e al rapporto fra grandi sistemi archeologici e progetto del territorio. Tali temi si ritrovano anche nella sua attività professionale, che la vede impegnata in numerosi progetti, spesso redatti nell'ambito di concorsi nazionali e internazionali a inviti.

Carmen Andriani, Casa del Petrarca, Arezzo, 2013
Utopia Concreta, installazione urbana temporanea per *Icastica*, piazza San Jacopo, Arezzo 2013, veduta dall'alto
Foto RITACARIOTI©PHOTO, Courtesy Carmen Andriani

SANDY ATTIA

Couplings

Cairo, Egypt, 1974

Cairo-born, Kuwait-raised Sandy Attia trained as an architect in the United States, where she met Matteo Scagnol, with whom she founded MoDus Architects in 2000. The combination of different cultures and backgrounds contributed to making the Bressanone studio different from the other Italian firms thanks to their attention to mountain landscapes, the diversity of materials, and issues related to architectural education. On display in the exhibition are the elusive volumes of the Falegnameria Damiani-Holz.

Sandy Attia and Matteo Scagnol (MoDus), Bressanone, 2010. Courtesy MoDus Architects, © Marco Pietracupa

MoDus, Damiani Holz&Ko Office Building, external view, Bressanone, 2010–2011. Photo © Gunther Wett, Collezione MAXXI Architettura, Fondo MoDus

Duetti

Il Cairo, Egitto, 1974

Nata al Cairo e cresciuta in Kuwait, Sandy Attia riceve la sua formazione da architetto negli Stati Uniti, dove incontra Matteo Scagnol, con il quale, nel 2000, fonda lo studio MoDus Architects. La combinazione di culture e provenienze diverse contribuisce ad assicurare allo studio di Bressanone un profilo differente dalle altre *practices* italiane, grazie alla loro attenzione ai paesaggi montani, ai materiali più disparati, alle questioni legate alle architetture della formazione. In mostra il volume sfuggente della Falegnameria Damiani-Holz.

Sandy Attia e Matteo Scagnol (MoDus), Bressanone, 2010. Courtesy MoDus Architects, © Marco Pietracupa

MoDus, Sede degli uffici Damiani Holz&Ko, veduta esterna, Bressanone, 2010-2011. Foto © Gunther Wett, Collezione MAXXI Architettura, Fondo MoDus

GAE AULENTI

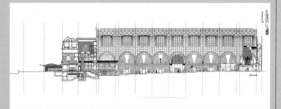

Lady Managers

Palazzolo dello Stella, Italy, 1927 –
Milan, Italy, 2012

After graduating from the Milan Polytechnic in 1953, Aulenti frequented the two key settings for the development of architectural theory of the time, *Casabella-Continuità* and the IUAV in Venice, which promoted an overcoming of the sterile emulation typical of the Modern Movement. Olivetti and Agnelli's commissions launched the architect's career, consolidated by her participation in the thirteenth Milan Triennale and in the collective exhibition *Italy. The New Domestic Landscape* at MoMA in New York. Her most famous work is The Musée d'Orsay inside the Orsay Station in Paris.

Gae Aulenti during the restoration works of Gare d'Orsay, Paris, 1980

Musée d'Orsay, Paris, 1980–1987, longitudinal section, India ink and colored pastels on tracing paper

Courtesy Archivio Gae Aulenti

Lady Managers

Palazzolo dello Stella, Italia, 1927 -
Milano, Italia, 2012

Dopo la laurea al Politecnico di Milano nel 1953, Aulenti frequenta i due poli principali per la teoria architettonica del periodo: «Casabella-Continuità» e lo IUAV di Venezia. Ambienti che propongono un superamento della sterile emulazione del Movimento Moderno. Le committenze di Olivetti e Agnelli lanciano la carriera dell'architetta, consacrata dalle partecipazioni alla XIII Triennale di Milano del 1964 e dalla collettiva *Italy. The New Domestic Landscape* al MoMA di New York del 1972. La sua opera più celebre è Il Musée d'Orsay, all'interno dell'omonima stazione di Parigi.

Gae Aulenti durante i lavori di ristrutturazione della Gare d'Orsay, Parigi, 1980

Musée d'Orsay, Parigi, 1980-1987, sezione longitudinale, inchiostro di china e pastelli colorati su carta da lucido

Courtesy Archivio Gae Aulenti

ALICE CONSTANCE AUSTIN

The City of Women

Chicago, USA, 1862 – California, USA, 1955

As a self-taught designer, Alice Constance Austin in her drawings and writings presents her utopian vision of a socialist and feminist society. In her plans for the unbuilt cooperative colony in Llano del Rio, California, she envisioned houses with no kitchens where cooked food was supplied and other ways of improving women's lives. The savings brought about by developing housing projects of this type would allow the development of public facilities and services, such as community kitchens and kindergartens. Her utopian visions greatly influenced later urban and architectural projects.

Alice Constance Austin showing a scale model of a house to the settlers of Llano del Rio, 1 May 1917

Llano Colony, illustration of [Taos?] Pueblo, 27.6 x 20.2 cm

Courtesy Paul Kagan Utopian Communities Collection. Yale Collection of Western Americana, Beinecke Rare Book and Manuscript Library

La città delle donne

Chicago, Stati Uniti, 1862 - California, Stati Uniti, 1955

Progettista autodidatta, nei suoi disegni e nei suoi scritti propone la visione utopica di una società socialista e femminista. Nei piani non realizzati per la colonia cooperativa di Llano del Rio, in California, immagina case senza cucina con consegna di cibo cotto e altre innovazioni volte a migliorare la vita delle donne. Le economie ottenute nell'edilizia residenziale così concepita avrebbero consentito lo sviluppo di strutture e servizi pubblici, come cucine comunitarie e asili. Le sue visioni allora utopiche hanno notevolmente influenzato successivi progetti urbanistici e architettonici.

Alice Constance Austin mostra il modello di casa ai coloni di Llano del Rio, 1 maggio 1917

Colonia Llano, disegno del Pueblo [Taos?], 27,6 x 20,2 cm

Courtesy Paul Kagan Utopian Communities Collection. Yale Collection of Western Americana, Beinecke Rare Book and Manuscript Library

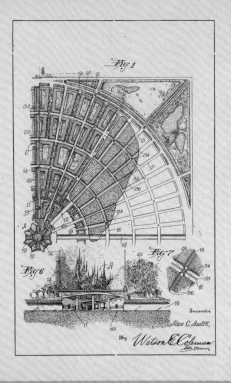

DIANA BALMORI

The City of Women

Gijón, Spain, 1932 – New York, USA, 2016

Spanish-born landscape architect Diana Balmori moved to the United States in 1952 with her husband Cesar Pelli. While rejecting the division between architecture and landscape, Balmori developed a philosophy whereby the urban fabric is read as an interweaving of human activities, natural forces and built environment, as evidenced by many of the projects carried out by her firm Balmori Associates, which was founded in 1990. She thus combined buildings and the natural environment within projects on various scales, from urban roof gardens to Sejong City, the new administrative capital of South Korea.

Diana Balmori. Photo Kristin Gladney

Masterplan for the New Government City, Sejong, South Korea, 2007, site plan. Courtesy Balmori Associates. Design team: Balmori Associates, H Associates, Haeahn Architecture

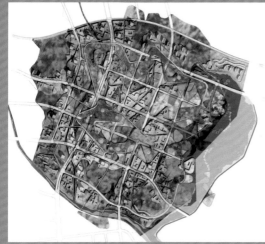

La città delle donne

Gijón, Spagna, 1932 - New York, Stati Uniti, 2016

Architetta paesaggista di origine spagnola, nel 1952 si trasferisce negli Stati Uniti con il marito Cesar Pelli. Rifiutando la divisione tra architettura e paesaggio, Balmori concepisce il tessuto urbano come un intreccio di attività umane, forze naturali e ambiente costruito, filosofia applicata a molteplici progetti del suo studio, Balmori Associates, fondato nel 1990. Con grande sensibilità ecologica dunque integra edifici e ambiente naturale in progetti a varia scala, dai giardini pensili urbani alla nuova capitale amministrativa della Corea del Sud, Sejong City.

Diana Balmori. Foto Kristin Gladney

Piano regolatore per la Nuova Città del Governo, Sejong, Corea del Sud, 2007, pianta. Courtesy Balmori Associates. Design team: Balmori Associates, H Associates, Haeahn Architecture

SEVINCE BAYRAK

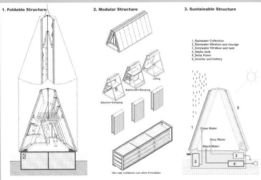

Couplings

Bursa, Turkey, 1983

Bayrak's participation in the first editions of the Biennale and the YAP program, as well as her intense relationships with the European scene, make her one of the products of the Turkish architectural renaissance that took place around the turn of the century together with the SO? group, which she established together with her partner in life and work Oral Göktaş. After making a name for itself with a spectacular floating project for YAP Istanbul Modern 2013, SO? has presented in the exhibition *Hope on Water*, another aquatic, unstable piece of architecture created to face seismic emergencies in Istanbul.

Sevince Bayrak and Oral Göktaş

SO? Architects, *Hope on Water*, post Emergency Floating Units for Anticipated Istanbul Earthquake, prototipe, 2013. Collezione MAXXI Architettura, Fondo SO?

Duetti

Bursa, Turchia, 1983

La partecipazione di Bayrak alle prime edizioni della Biennale e al programma YAP, oltre agli stretti rapporti intrattenuti con la scena europea, fanno di lei un prodotto del rinascimento architettonico turco di fine Novecento insieme al gruppo SO? da lei fondato con il suo compagno di vita e lavoro Oral Göktaş. Affermatisi con uno spettacolare progetto flottante per YAP Istanbul Modern 2013, i SO? sono presenti in mostra con *Hope on Water*, un'altra architettura acquatica e instabile, nata per fronteggiare eventuali emergenze sismiche a Istanbul.

Sevince Bayrak e Oral Göktaş

SO? Architects, *Hope on Water*, unità galleggianti post emergenza per il previsto terremoto di Istanbul, prototipo, 2013. Collezione MAXXI Architettura, Fondo SO?

LOUISE BLANCHARD BETHUNE

Voices

Waterloo, USA, 1856 – Buffalo, USA, 1915

First woman member of the American Institute of Architects (AIA), in 1876 Louise Bethune started working as an apprentice for Richard Waite and in 1881 she opened her own practice. The 1891 design competition for the Women's Building of the World's Columbian Exposition in Chicago (1893) offered an opportunity for national recognition. Even so, Bethune refused to submit an entry because the winning fee was much lower than the commission fee for male architects. In her view, "complete emancipation lies in 'equal pay for equal service'" (L. Bethune, *Women and Architecture*).

Louise Blanchard Bethune

Lafayette Hotel at the corner of Clinton and Washington Street, Buffalo, New York, c. 1930

Collection of The Buffalo History Museum. General photograph collection

Voci

Waterloo, Stati Uniti, 1856 - Buffalo, Stati Uniti, 1915

Primo membro donna dell'American Institute of Architects (AIA), Louise Bethune inizia a lavorare nel 1876 come apprendista per Richard Waite e nel 1881 apre il proprio studio. Il concorso del 1891 per il Women's Building della World's Columbian Exposition a Chicago (1893) offre un'occasione di riconoscimento nazionale ma Bethune si rifiuta di presentare una proposta, in quanto il premio del concorso è molto più basso del compenso professionale per architetti uomini. Secondo lei «la completa emancipazione risiede in "compensi uguali per uguali servizi"» (L. Bethune, *Women and Architecture*).

Louise Blanchard Bethune

Hotel Lafayette all'angolo tra Clinton e Washington Street, Buffalo, New York, 1930 circa

Collection of The Buffalo History Museum. General photograph collection

LINA BO BARDI

Nomadisms

Rome, Italy, 1914 – São Paulo, Brazil, 1992

After graduating in Rome in 1939 and then moving to the more exciting city of Milan, tenacious, revolutionary architect Lina Bo left Italy in 1946 to move to Brazil with her husband Pietro Maria Bardi, where she expressed her full potential. Her architectural and social research, which was featured on the pages of Italian magazines and found concrete expression in Brazil, was constantly aimed at "giving dignity to the presence of man." Her projects were based on the idea that "every work—whether a work of art, architecture or design—is always a political operation."

Lina Bo Bardi on the ship Almirante Jaceguay bound for Brazil, 1946. Photo Pietro Maria Bardi, Courtesy Instituto Lina Bo e P.M. Bardi / Casa de Vidro. © Instituto Bardi

SESC Pompeia, external view, São Paulo, 1977. Photo Rômulo Fialdini, Courtesy Instituto Lina Bo e P.M. Bardi / Casa de Vidro. © Instituto Bardi © Rômulo Fialdini

Nomadismi

Roma, Italia, 1914 - San Paolo, Brasile, 1992

Laureata a Roma nel 1939 e poi spostatasi in una più stimolante Milano, forte di un animo tenace e rivoluzionario, Lina Bo nel 1946 lascia l'Italia per trasferirsi, insieme al marito Pietro Maria Bardi, in Brasile, paese dove troverà la sua piena realizzazione. La sua ricerca architettonica e sociale, esercitata in Italia sulle pagine delle riviste e in Brasile in architetture concrete, è costantemente tesa a «dare dignità alla presenza dell'uomo» e i suoi progetti si fondano sull'idea che «ogni opera – sia essa d'arte, d'architettura o di design – è sempre un'operazione politica».

Lina Bo Bardi sulla nave Almirante Jaceguay diretta in Brasile, 1946. Foto Pietro Maria Bardi, Courtesy Instituto Lina Bo e P.M. Bardi / Casa de Vidro. © Instituto Bardi

SESC Pompeia, veduta esterna, San Paolo, 1977. Foto Rômulo Fialdini, Courtesy Instituto Lina Bo e P.M. Bardi / Casa de Vidro. © Instituto Bardi © Rômulo Fialdini

CINI BOERI

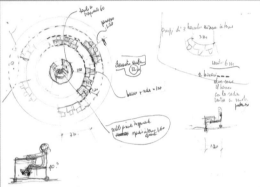

Staging

Milan, Italy, 1924–2020

After graduating in architecture and working with Gio Ponti and Marco Zanuso on interiors and furniture, Cini Boeri opened her own studio in Milan in 1963, designing furniture and objects with a free, innovative approach. Her aim, which was driven by a democratic vision of design, was to reinvent and perfect everyday objects and the domestic environment by updating, sometimes even desecrating spaces, thus bringing dynamism, creativity and humanity to the home environment. All of her work was guided by the conviction that "Design is a source of joy, but also a challenge."

Cini Boeri, 1978. Photo Calligari, Courtesy Cini Boeri Studio

Proposition for a school, 2013–2014, sketch of a furnished classroom. Courtesy Fondazione MAXXI Architettura, Fondo Boeri

Mise en scène

Milano, Italia, 1924-2020

Dopo la laurea in architettura e le collaborazioni con Gio Ponti e Marco Zanuso occupandosi di interni e arredo, nel 1963 apre il proprio studio a Milano, cominciando a disegnare arredi e oggetti con pensiero libero e innovativo. Mossa da una visione democratica del design, suo obiettivo è reinventare e perfezionare gli oggetti di uso comune e l'ambiente domestico, aggiornandone gli spazi, a volte dissacrandoli, conferendo dinamicità, creatività e umanità allo scenario dell'abitazione. A guidare ogni suo lavoro la convinzione che «Progettare è una gioia, ma anche un impegno».

Cini Boeri, 1978. Foto Calligari, Courtesy Cini Boeri Studi

Proposta per una scuola, 2013-2014, schizzo di studio per un'aula tipo con arredi. Courtesy Fondazione MAXX Architettura, Fondo Boeri

MARIANNE BRANDT

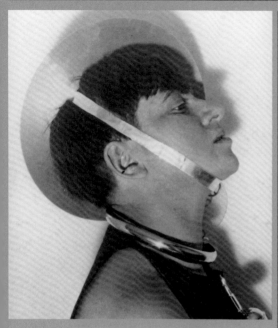

Staging

Chemnitz, Germany, 1893 – Kirchberg, Germany, 1983

Marianne Brandt enrolled at the Bauhaus in 1924, thus specializing in silver processing. Thanks to her skill and tenacity, she became the first woman to head the metal workshop, which was considered a male reserve. This activity led to the creation of iconic silver objects such as the MT49 tea and coffee set characterized by its poetic use of geometric shapes. Brandt also devoted herself to photography and photomontage, which she used when creating her posters.

Marianne Brandt, Self-portrait with jewels for the Metallic Festival, 1929. Courtesy Bauhaus-Archiv Berlin

Fortschritt, Tempo, Kultur,1927, collage, 52 x 39.8 cm. Photo Herbert Boswank, © 2021. Digital image, The Museum of Modern Art, New York/Scala, Florence

Mise en scène

Chemnitz, Germania, 1893 - Kirchberg, Germania, 1983

Si iscrive al Bauhaus nel 1924 e qui si specializza nella lavorazione dell'argento diventando, grazie alla sua maestria e tenacia, la prima donna a dirigere il laboratorio di metalli, contesto ritenuto di appannaggio prettamente maschile. Da questa attività derivano oggetti in argento divenuti iconici come il servizio da tè e caffè MT49, che si distingue per un uso poetico delle forme geometriche. Si dedica anche alla fotografia e al fotomontaggio che impiega nella composizione dei suoi manifesti.

Marianne Brandt, Autoritratto con gioielli per il Festival Metallico, 1929. Courtesy Bauhaus-Archiv Berlin

Fortschritt, Tempo, Kultur,1927, collage, 52 x 39,8 cm. Foto Herbert Boswank, © 2021. Immagine digitale, The Museum of Modern Art, New York/Scala, Firenze

SIGRUN BÜLOW-HÜBE

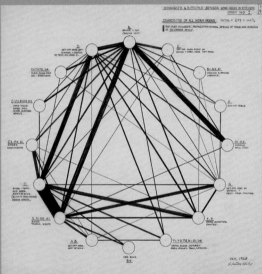

Staging

Linköping, Sweden, 1913 – Brome, Canada, 1994

After her first professional experiences in the field of interior design, Sigrun Bülow-Hübe worked on housing regulations and standards for the State Committee for Building Research, developing empirical research on the ergonomics and functions of living spaces, which then become central themes in her work. She studied the methods adopted in prefabricated houses and mass-produced furniture manufacturing and wrote indications and recommendations aimed at non-professionals regarding the economic, technical, and architectural aspects of house building.

Sigrun Bülow-Hübe

Bülow-Hübe diagram charting a woman's movements through an unnamed kitchen on 23 October, 1968

Courtesy Sigrun Bülow-Hübe Fonds, John Bland Canadian Architecture Collection, McGill University Library

Mise en scène

Linköping, Svezia, 1913 - Brome, Canada, 1994

Dopo le prime esperienze professionali nel design d'interni, lavora alle norme e agli standard abitativi per il comitato statale per la ricerca edilizia, attività che le dà l'opportunità di sviluppare ricerche empiriche sull'ergonomia e le funzioni degli spazi abitativi, che diventano poi temi centrali per tutta la sua carriera. Studia infatti i metodi di produzione di case prefabbricate e mobili prodotti in serie, scrive consigli e informazioni sugli aspetti economici, tecnici e architettonici della costruzione di case destinati ai non addetti ai lavori.

Sigrun Bülow-Hübe

Diagramma Bülow-Hübe dei movimenti di una donna all'interno di una cucina imprecisata il 23 ottobre 1968

Courtesy Sigrun Bülow-Hübe Fonds, John Bland Canadian Architecture Collection, McGill University Library

ADA BURSI

The City of Women

Verona, Italy, 1906 – Castiglione Torinese, Italy, 1996

Ada Bursi was born in Verona but lived in Turin. In 1938, she graduated in architecture from the Royal Polytechnic of Turin, and in 1941, she was hired by the Technical Office of Public Works in Turin, where she remained until 1971. Her career as a designer lasted almost forty years and was mainly devoted to urban planning, social housing—especially under the INA-Casa Plan—, and school and religious buildings. Immediately after the war, she designed a number of symbolic sites in memory of the Resistance, such as the Partisans' Cemetery in Turin and Cavoretto.

Ada Bursi. Courtesy Politecnico di Torino, Archivio Storico (ASPoliTo)

2nd Group Gestione INA-Casa, Building site 2844 – Via Taggia, c. 1954. Archivio di Stato di Torino, Fondo Ada Bursi

La città delle donne

Verona, Italia, 1906 - Castiglione Torinese, Italia, 1996

Veronese di nascita ma torinese di adozione, nel 1938 si laurea in architettura presso il Regio Politecnico di Torino e nel 1941 viene assunta all'Ufficio tecnico dei lavori pubblici di Torino, dove rimane fino al 1971. La sua carriera di progettista dura quasi quarant'anni, per lo più dedicata a studi di carattere urbanistico, progettazione di edilizia popolare – soprattutto nell'ambito del Piano INA-Casa – e di edifici scolastici e religiosi. Nell'immediato dopoguerra progetta alcuni luoghi simbolo a ricordo della Resistenza come il Cimitero dei partigiani a Torino e a Cavoretto.

Ada Bursi. Courtesy Politecnico di Torino, Archivio Storico (ASPoliTo)

Il Gruppo Gestione INA-Casa, Cantiere 2844 - Via Taggia, 1954 circa. Archivio di Stato di Torino, Fondo Ada Bursi

VITTORIA CALZOLARI

The City of Women

Rome, Italy, 1924–2017

Vittoria Calzolari was a landscape architect, an urban planner and a designer of parks and green spaces. She was councilor for the old town center of Rome, first under the Argan administration (1976–1979) and then under the first Petroselli administration (1979–1981). As a multifaceted professional and intellectual, she was able to combine attention to the complexity of the local area and its planning with a strong participation in Italian cultural and political associations, thus personally promoting battles and projects—including her best-known work, the plan for the Appia Antica Park.

Vittoria Calzolari

M. Ghio, V. Calzolari, *Verde per la città. Funzioni, dimensionamento, costo, attuazione di parchi urbani, aree sportive, campi da gioco, biblioteche e altri servizi per il tempo libero.* Rome: De Luca Editore, 1961

La città delle donne

Roma, Italia, 1924-2017

Paesaggista, architetta e urbanista, progettista di parchi e piani del verde, è stata assessora al centro storico di Roma, prima nella giunta Argan (1976-1979) poi nella prima giunta Petroselli (1979-1981). Professionista e intellettuale poliedrica, ha saputo affiancare attenzione e sensibilità nei confronti della complessità del territorio e della sua progettazione a un impegno civile nell'associazionismo culturale e politico italiano, promuovendo in prima persona battaglie e progetti, tra cui il suo lavoro più noto, il piano per il Parco dell'Appia Antica.

Vittoria Calzolari

M. Ghio, V. Calzolari, *Verde per la città. Funzioni, dimensionamento, costo, attuazione di parchi urbani, aree sportive, campi da gioco, biblioteche e altri servizi per il tempo libero*, Roma, De Luca Editore, 1961

MATILDE CASSANI

Staging

Domodossola, Italy, 1980

Matilde Cassani is an architect, designer, artist and performer based in Milan. She made her debut on the international scene with the installation *Sacred Spaces in Profane Buildings*, which depicts the nomadic, semi-legal nature of many religious practices of our time. Religious and secular spatial practices are also at the center of other works, installations, and exhibitions by Cassani, including her *Tutto* performance, which was presented in Palermo in 2018 on the occasion of the twelfth edition of Manifesta and presently featured in this exhibition.

Matilde Cassani in her studio in Milan, 2018. Photo Stefania Giorgi, Courtesy Matilde Cassani

Tutto, 2018, view of the performance in Piazza of Quattro Canti, Manifesta 12, Palermo. Photo DLS Studio - Delfino Sisto Legnani and Marco Cappelletti, Courtesy the artist

Mise en scène

Domodossola, Italia, 1980

Matilde Cassani è un'architetta, designer, artista e performer di base a Milano. Il suo esordio sulla scena internazionale è l'installazione *Sacred Spaces in Profane Buildings*, che mette in scena la condizione nomade e semilegale di molte pratiche religiose nel nostro tempo. Le pratiche spaziali religiose e secolari sono al centro di altri lavori, installazioni e mostre di Cassani. Tra queste la performance *Tutto*, qui esposta e realizzata a Palermo nel 2018 in occasione della dodicesima edizione di Manifesta.

Matilde Cassani nel suo studio di Milano, 2018. Foto Stefania Giorgi, Courtesy Matilde Cassani

Tutto, 2018, veduta della performance presso Piazza dei Quattro Canti, Manifesta 12, Palermo. Foto DLS Studio - Delfino Sisto Legnani e Marco Cappelletti, Courtesy l'artista

ALESSANDRA CIANCHETTA

Nomadisms

Arezzo, Italy, 1971

Cianchetta is a prime example of the Erasmus generation. In 2003, after studying in Rome, Barcelona and Paris, she established the AWP France studio together with the Armengaud brothers, with whom she produced, among other things, the development plan for the Défense fringe area. In recent years, she has moved her professional headquarters to London and engaged in nomadic, transcontinental teaching, which is also typical of her generation. The exhibition features some of the buildings she constructed for the Poissy Galore Park, thus confirming her interest in light constructions and the public nature of architecture.

Alessandra Cianchetta (AWP), New York City, 2021. Photo © Elisabet Davidsdottir, Courtesy Alessandra Cianchetta

AWP with HHF, Poissy Galore Insect Museum and Observatory in the park, Carrières-sous-Poissy, 2018 View of the observatory. © Iwan Baan

Nomadismi

Arezzo, Italia, 1971

Cianchetta è un caso esemplare della generazione Erasmus. Dopo aver studiato a Roma, Barcellona e Parigi, nel 2003 fonda insieme ai fratelli Armengaud lo studio AWP France, con il quale realizza tra l'altro il piano di sviluppo dell'area di margine della Défense. In anni recenti sposta la sua sede professionale a Londra e si impegna in un'attività didattica nomadica e transcontinentale tipica anche questa della sua generazione. In mostra alcuni degli edifici realizzati per il parco Poissy Galore, che confermano l'interesse per le costruzioni leggere e la natura pubblica dell'architettura.

Alessandra Cianchetta (AWP), New York City, 2021. Foto © Elisabet Davidsdottir, Courtesy Alessandra Cianchetta

AWP con HHF, Museo degli insetti e osservatorio nel parco Poissy Galore, Carrières-sous-Poissy Veduta dell'osservatorio, 2018. © Iwan Baan

MARIA CLAUDIA CLEMENTE

The City of Women

Rome, Italy, 1967

After graduating in architecture from the Sapienza University in Rome, Maria Claudia Clemente founded the Labics studio in 2002 together with Francesco Isidori. By combining theoretical research and experimentation, Labics has extended its field of interest from interior design to the creation of large-scale urban complexes, thereby encompassing all design scales. The firm has won numerous national and international architecture competitions, including MAST in Bologna and Città del Sole in Rome, both of which are featured in the MAXXI collections.

Maria Claudia Clemente and Francesco Isidori (Labics), Rome, 2016. Courtesy Labics

Labics, Città del Sole, Rome, 2007–2016. Photo © Marco Cappelletti. Collezione MAXXI Architettura, Fondo Labics

La città delle donne

Roma, Italia, 1967

Laureata in architettura alla Sapienza di Roma, nel 2002 insieme a Francesco Isidori, fonda lo studio Labics. Coniugando ricerca teorica e sperimentazione applicata, Labics estende il proprio campo di interesse dall'interior design alla progettazione di complessi urbani di grande dimensione, attraversando così le differenti scale del progetto. Lo studio ha vinto numerosi concorsi di architettura nazionali e internazionali, tra i quali il MAST di Bologna, completato nel 2013, e la Città del Sole a Roma, del 2014, entrambi conservati nelle collezioni del MAXXI.

Maria Claudia Clemente e Francesco Isidori (Labics), Roma, 2016. Courtesy Labics

Labics, Città del Sole, Roma, 2007-2016. Foto © Marco Cappelletti. Collezione MAXXI Architettura, Fondo Labics

GEORGETTE COTTIN-EUZIOL

Nomadisms

El-Affroun, Algeria, 1926 – Antibes, France, 2004

Georgette Cottin-Euziol grew up in Brussels, Algiers and Paris and enrolled at the École des Beaux-Arts in 1947. Although she adhered to the Modern Movement, she was very proud of her academic training. Her production is extensive and marked by clear differences in terms of both scale and architecture, from the public buildings, clinics, high schools and hundreds of rationalist dwellings she built in Algeria between 1956 and 1978, to the modest homes for the elderly and local schools she constructed for the communist municipalities in the south-east of France after 1978.

Georgette Cottin-Euziol

Georgette Cottin-Euziol and Camille Juaneda, dossier on Lavigerie Kouba complex's construction, 1960

Courtesy Archives départementales des Bouches-du-Rhône, fonds Georgette Cottin-Euziol, cote 138 J 484 / cote 138 J 507

Nomadismi

El-Affroun, Algeria, 1926 - Antibes, Francia, 2004

Cresciuta tra Bruxelles, Algeri e Parigi, qui nel 1947 si iscrive all'École des Beaux-Arts. Pur aderendo al Movimento Moderno, era molto orgogliosa della sua formazione accademica. La sua produzione architettonica è abbondante e segnata da evidenti differenze, tanto nella scala dei progetti quanto nella loro architettura: da edifici pubblici, cliniche, scuole superiori e centinaia di abitazioni razionaliste costruite in Algeria tra il 1956 e il 1978, a modeste case per anziani e scuole locali costruite dopo il 1978 per i municipi comunisti nel sud-est della Francia.

Georgette Cottin-Euziol

Georgette Cottin-Euziol e Camille Juaneda, dossier sulla costruzione del complesso Lavigerie Kouba, 1960

Courtesy Archives départementales des Bouches-du-Rhône, fonds Georgette Cottin-Euziol, cote 138 J 484 / cote 138 J 507

NATALIE GRIFFIN DE BLOIS

Lady Managers

Paterson, USA, 1921 – Chicago, USA, 2013

After completing undergraduate education at Western College for Women in Oxford, Ohio, de Blois studied architecture at Columbia University. To pay tuition she worked as draftsperson and, after graduation in 1944, she started working with the firm of Ketchum, Gina & Sharpe where she was highly appreciated. Even so, after refusing advances from a colleague, de Blois was asked to leave her position. She was then hired by SOM where she quickly rose through the ranks becoming partner and working in the design team of important projects such as The Lever House in New York City realized in 1952.

Natalie Griffin de Blois and students. Photo © Debbe Sharpe, Courtesy University of Texas at Austin, School of Architecture

Lever House, Park Avenue, New York City. Photo Bernard O'Kane / Alamy Stock Photo

Lady Managers

Paterson, Stati Uniti, 1921 - Chicago, Stati Uniti, 2013

Completati gli studi secondari al Western College for Women a Oxford, Ohio, de Blois studia architettura alla Columbia University. Per pagare la retta lavora come disegnatrice e, dopo la laurea nel 1944, inizia a collaborare con lo studio Ketchum, Gina & Sharpe dove viene riconosciuta e apprezzata. Ciononostante, dopo aver rifiutato le avances di un collega, de Blois è costretta a lasciare lo studio. Viene poi assunta da SOM dove sale rapidamente di ruolo diventando partner e lavorando nel team di progettazione di importanti edifici come la Lever House a New York City del 1952.

Natalie Griffin de Blois e studenti. Foto © Debbe Sharpe, Courtesy University of Texas at Austin, School of Architecture

Lever House, Park Avenue, New York. Foto Bernard O'Kane / Alamy Stock Photo

ODILE DECQ

Voices

Laval, France, 1955

In 1980, Odile Decq founded the ODBC architectes et urbanistes studio with architect Benoît Cornette. They designed numerous works together, such as the French Pavilion at the Venice Architecture Biennale in 1996, which was awarded the Golden Lion. After Cornette's death in 1998, Odile Decq not only worked on a number of international projects, but also directed the Special School of Architecture in Paris. In 2015, she founded CONFLUENCE, a new school of architecture that combines different disciplines in order to combat production uniformity and standards.

Odile Decq, Paris, 2016. Photo © Franck Juery, Courtesy Studio Odile Decq

CONFLUENCE, Institute for Innovation and Creative Strategies in Architecture, Lyon, 2016. Photo Roland Halbe

Voci

Laval, Francia, 1955

Nel 1980 fonda, con l'architetto Benoît Cornette, lo studio ODBC architectes et urbanistes. Insieme realizzano numerose opere come l'allestimento del padiglione della Francia alla Biennale Architettura di Venezia nel 1996, premiato con il Leone d'Oro. Dopo la morte di Cornette nel 1998, Odile Decq, oltre a vari progetti internazionali a cui affianca la direzione della Scuola Speciale di Architettura a Parigi, nel 2015 fonda CONFLUENCE, una nuova scuola di architettura che interseca diverse discipline per contrastare l'uniformità della produzione e gli standard imposti.

Odile Decq, Parigi, 2016. Foto © Franck Juery, Courtesy Studio Odile Decq

CONFLUENCE, Istituto per l'innovazione e le strategie creative in architettura, Lione, 2016. Foto Roland Halbe

MINNETTE DE SILVA

Nomadisms

Kandy, Sri Lanka, 1918–1998

In spite of her pioneering work and the tenacity with which she fought to affirm herself in an all-male world, Minnette de Silva has almost been forgotten and her buildings abandoned. In 1948, after spending a long period in Europe, she returned to her country, which had been devastated by the civil war, and took part in its reconstruction, thus founding her eponymous studio and creating a kind of architecture in which the local fabric and the identity of a people converged with the universal principles of the Modern Movement.

Left to right: Pablo Picasso, Minnette de Silva, American sculptor Jo Davidson and author Mulk Raj Anand at the World Congress of Intellectuals in Defense of Peace, Wrocław, 27 August 1948. © Wikimedia Commons

Minnette de Silva, *The life & work of an Asian woman architect*, Colombo: Smart Media Productions, 1998. Photo Giorgio Benni, Courtesy Fondazione MAXXI

Nomadismi

Kandy, Sri Lanka, 1918-1998

Nonostante il suo ruolo da pioniera e la tenacia con cui per tutta la vita si è battuta per affermarsi in un mondo di soli uomini, oggi il suo nome è pressoché dimenticato e i suoi edifici sono in abbandono. Nel 1948, dopo una lunga stagione in Europa, rientra nel suo paese, al tempo devastato dalla guerra civile, e prende parte alla ricostruzione, fondando lo studio che porta il suo nome e realizzando un'architettura in cui convergono da una parte il tessuto locale e l'identità di un popolo, dall'altra i principi universali del Movimento Moderno.

Da sinistra: Pablo Picasso, Minnette de Silva, lo scultore americano Jo Davidson e lo scrittore Mulk Raj Anand al Congresso mondiale degli intellettuali per la pace, Breslavia, 27 agosto 1948. © Wikimedia Commons

Minnette de Silva, *The life & work of an Asian woman architect*, Colombo, Smart Media Productions, 1998. Foto Giorgio Benni, Courtesy Fondazione MAXXI

JANE DREW

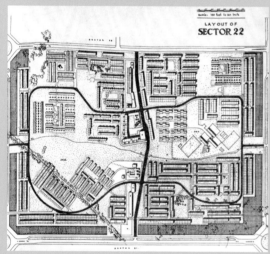

Nomadisms

Thornton Heath, UK, 1911 – Cotherstone, UK, 1996

Jane Drew was a graduate of the Architectural Association in London, a member of the MARS Group, and one of the most active promoters of the Modern Movement in the UK; together with her husband Maxwell Fry, she pioneered modern construction and town planning in tropical countries, following her work alongside Le Corbusier on the design of the new city of Chandigarh in India. She was a tireless traveler and strove to build social housing in West Africa, Asia and her own country, always attributing great importance to creating harmony between design and the environment.

Jane Drew surrounded by local architectural associates examining a scrolled document, Chandigarh, 1950. Photo Chandi Studio, Courtesy RIBA Collection

Terraced housing project, Chandigarh, type 14D – sector 22. Photo Giorgio Benni, Courtesy Fondazione MAXXI

Nomadismi

Thornton Heath, Regno Unito, 1911 - Cotherstone, Regno Unito, 1996

Laureata all'Architectural Association di Londra e membro del Gruppo MARS, è stata una delle più vivaci promotrici del Movimento Moderno nel Regno Unito e con suo marito, Maxwell Fry, una pioniera nel campo della costruzione e dell'urbanistica moderna in paesi tropicali, come sperimentato al fianco di Le Corbusier nella progettazione della nuova città di Chandigarh in India. Viaggiatrice instancabile, ha lottato per costruire alloggi sociali nell'Africa occidentale, in Asia e in seguito nel suo stesso paese, prestando sempre grande attenzione all'armonia del progetto con l'ambiente.

Jane Drew circondata da collaboratori locali esamina una pergamena, Chandigarh, 1950. Foto Chandi Studio, Courtesy RIBA Collection

Progetto delle case a schiera, Chandigarh, tipo 14D - settore 22. Foto Giorgio Benni, Courtesy Fondazione MAXXI

RAY EAMES

Couplings

Sacramento, USA, 1912 – Los Angeles, USA, 1988

Painter and artist Ray Eames, in collaboration with her husband, architect and designer Charles Eames, produced original, innovative works in the fields of architecture, graphic and textile design, film and furniture. It is no coincidence that the Eames are considered one of the most influential creative forces of the twentieth century; some of the furniture items they designed, which are still in production today, are considered as icons of modern design, also thanks to the exhibition that MoMA dedicated to their work in 1946, which made them a part of history.

Charles and Ray Eames inside the Eames Office in Venice, California, working on a model for an exhibition called *Mathematica*, 1960.

Charles and Ray Eames seated on an Eames Lounge Chair and Ottoman inside the Eames House, c. 1975

Duetti

Sacramento, Stati Uniti, 1912 - Los Angeles, Stati Uniti, 1988

Pittrice e artista, in collaborazione creativa con suo marito, l'architetto e designer Charles Eames, ha prodotto opere originali e innovative nei campi dell'architettura, del design grafico e tessile, del cinema e dell'arredamento. Non a caso gli Eames sono considerati una delle forze creative più influenti del ventesimo secolo e alcuni degli arredi da loro progettati, ancora oggi in produzione, sono considerati icone del design moderno, anche grazie alla prima esposizione a loro dedicata al MoMA nel 1946 che li ha consegnati alla storia.

Charles e Ray Eames nell'Eames Office a Venice, California, al lavoro su un modello per la mostra *Mathematica*, 1960.

Charles e Ray Eames seduti su una Eames Lounge Chair e Ottoman all'interno di Casa Eames, 1975 circa

ANNA FERRIERI CASTELLI

Lady Managers

Milan, Italy, 1918–2006

Anna Ferrieri Castelli was brought up in an intellectually lively environment; many internationally important figures gravitated around her father Enzo Ferrieri, who was a man of culture. Inspired by the Bauhaus avant-garde, Anna Ferrieri Castelli enrolled at the Milan Polytechnic and graduated in 1944. She then worked for several years with Ignazio Gardella. Her marriage to chemical engineer Guido Castelli marked a turning point: in 1949, the couple founded Kartell, a company that would produce iconic objects stemming from the combination of Anna's aesthetic and functional intuitions and Guido's experimental approach to new materials.

Anna Ferrieri Castelli, Milan, 1987. Photo Valerio Castelli, Courtesy Kartell Museo
Square Componibili, 1967. Photo Giorgio Benni, Courtesy Fondazione MAXXI

Lady Managers

Milano, Italia, 1918-2006

Nasce e cresce in un ambiente intellettualmente vivo: attorno al padre Enzo Ferrieri, uomo di cultura, ruotano personaggi di rilievo internazionale. Ispirata dalle avanguardie del Bauhaus, Anna Ferrieri Castelli si iscrive al Politecnico di Milano laureandosi nel 1944. Lavora poi per diversi anni con Ignazio Gardella.
Il matrimonio con l'ingegnere chimico Guido Castelli segna un punto di svolta: nel 1949 i coniugi fondano la Kartell, azienda che produrrà oggetti iconici nati dal connubio tra le intuizioni estetiche e funzionali di Anna e le sperimentazioni su nuovi materiali di Guido.

Anna Ferrieri Castelli, Milano, 1987.
Foto Valerio Castelli,Courtesy Kartell Museo
Componibili quadri, 1967. Foto Giorgio Benni, Courtesy Fondazione MAXXI

STEFANIA FILO SPEZIALE

Lady Managers

Naples, Italy, 1905–1988

In 1932, Stefania Filo Speziale was one of the first women to graduate in architecture in Italy, thereby establishing herself as a talented interpreter of the Neapolitan Modern Movement. Together with her collaborators Carlo Chiurazzi and Giorgio di Simone, she opened her own firm in 1954. She designed important works such as the Metropolitan cinema-theatre, and took part in the 1954 competition for the Naples railway station. In the same year, she designed the controversial Cattolica skyscraper in Via Medina in Naples, which sparked a series of unfair criticisms of her work.

Stefania Filo Speziale in 1936 soon after having concluded her first building, a villa in Amalfi for Princess Sanfelice of Bagnoli, Courtesy Archivio Maria Pia Speziale

Mimmo Jodice, *View of Naples from the Santa Lucia al Monte site*, 2012, digital print on Silver Rag Baryta paper, 2021, ed. 2/5. Courtesy Archivio Mimmo Jodice

Lady Managers

Napoli, Italia, 1905-1988

Nel 1932, è tra le prime donne laureate in architettura in Italia, capace interprete del Movimento Moderno partenopeo. Con i collaboratori Carlo Chiurazzi e Giorgio di Simone apre il proprio studio nel 1954. Realizza importanti interventi quali il cinema-teatro Metropolitan; partecipa con un progetto di grande valore al concorso per la stazione di Napoli nel 1954 e nello stesso anno realizza il grattacielo della Cattolica a via Medina, sempre a Napoli, progetto controverso che apre un'ingiusta stagione di delegittimazione del suo lavoro.

Stefania Filo Speziale nel 1936, appena concluso il suo primo cantiere, la villa ad Amalfi per la principessa di Sanfelice di Bagnoli. Courtesy Archivio Maria Pia Speziale

Mimmo Jodice, *Veduta di Napoli dal complesso di Santa Lucia al Monte*, 2012, stampa digitale su carta Silver Rag Baryta, 2021, ed. 2/5. Courtesy Archivio Mimmo Jodice

ÉDITH GIRARD

The City of Women

Soicy-sous-Montmorency, France, 1949 – Paris, France, 2014

Throughout her professional career, Édith Girard mainly focused on housing projects in the Paris area, developing design solutions that reveal great attention to the people who were to live in the dwellings and neighborhoods she had envisioned, as well as defending the notion that architecture should leave room for the feelings of its occupants, especially in social housing. She was also a dedicated teacher because "students must be particularly aware of the human and social implications of their creations."

Édith Girard, Paris, 2000. Photo Gitty Darugar

111 dwellings at quai de la Loire, Paris, in *d'AMC*, no. 7, March 1985

La città delle donne

Soicy-sous-Montmorency, Francia, 1949 - Parigi, Francia, 2014

Nella sua vita professionale si è dedicata per lo più all'edilizia residenziale a basso costo nella regione di Parigi, mettendo a punto soluzioni progettuali che rivelano grande attenzione nei confronti di chi dovrà abitare alloggi e quartieri da lei immaginati, difendendo il concetto di un'architettura che lascia spazio all'emozione dei suoi occupanti, in particolare per l'edilizia sociale. Inoltre ha sempre messo grande impegno nell'insegnamento perché «gli studenti devono essere particolarmente consapevoli delle implicazioni umane e sociali delle loro creazioni».

Édith Girard, Parigi, 2000. Foto Gitty Darugar

111 abitazioni in quai de la Loire, Parigi, in «d'AMC», 7, marzo 1985

ADRIENNE GÓRSKA

Staging

Moscow, Russia, 1899 – Beaulieu-sur-Mer, France, 1969

Originally from Poland, Adrienne Górska emigrated to Paris, where she graduated in architecture under Robert Mallet-Stevens and designed the apartment-studio for her sister, painter Tamara de Lempicka, adopting a distinctly modern style. With her husband Pierre de Montaut, she became very well-known thanks to the modern cinemas she designed for the Cinéac Group, which were widely covered by the magazines of the time. The two also designed the newsreel cinemas for Pathé Nathan before the Nazi invasion of Poland.

Adrienne Górska, 1920

Adrienne Górska and Pierre de Montaut, 'Cinéma d'actualité à Paris', in *L'Architecture d'Aujourd'hui*, no. 2, 1936, p. 35

Biblioteca del Dipartimento di Ingegneria civile, edile e ambientale, Sapienza Università di Roma

Mise en scène

Mosca, Russia, 1899 - Beaulieu-sur-Mer, Francia, 1969

Di origine polacca emigra a Parigi, dove si laurea in architettura con Robert Mallet-Stevens e progetta l'appartamento-studio per sua sorella, la pittrice Tamara de Lempicka, con forme e con arredi decisamente moderni. Insieme al marito Pierre de Montaut acquista una grande notorietà grazie ai cinema moderni progettati per il gruppo Cinéac, diffusamente pubblicati sulle riviste dell'epoca. Attività che i due svolgono poi brevemente anche in Polonia, prima dell'invasione nazista, progettando sale per cinegiornali per Pathé Nathan.

Adrienne Górska, 1920

Adrienne Górska e Pierre de Montaut, *Cinéma d'actualité à Paris*, in «L'Architecture d'Aujourd'hui», 2, 1936, p. 35

Biblioteca del Dipartimento di Ingegneria civile, edile e ambientale, Sapienza Università di Roma

MARIA GIUSEPPINA GRASSO CANNIZZO

Traces

Santa Croce Camerina, Italy, 1948

Grasso Cannizzo is a unique, valuable exponent of Italian architecture. After training in Rome, gaining important experience in Turin, and acquiring technical and artistic expertise, the Sicilian architect set up her studio in Vittoria, near Ragusa. She has realized a dazzling series of individual and collective residences in Sicily, always redefining the paradigms and lingo of architecture. The exhibition features a double project for Marina di Ragusa: the control tower of the port, surrounded by fragments of existing structures and the remodeling of the waterfront.

Maria Giuseppina Grasso Cannizzo, Vittoria, 2010. Photo studio Grasso Cannizzo, Courtesy Maria Giuseppina Grasso Cannizzo

Control tower, Marina di Ragusa, 2016. Photo © Fabio Mantovani

Tracce

Santa Croce Camerina, Italia, 1948

Grasso Cannizzo è una presenza unica e preziosa nell'architettura italiana. Formatasi a Roma e forte di un'importante esperienza torinese, alimentata da culture tecniche e artistiche, l'architetta siciliana ha poi stabilito il suo studio a Vittoria, nel ragusano. In Sicilia ha realizzato una folgorante serie di residenze individuali e collettive, capaci di ridefinire volta per volta paradigma e linguaggio architettonico. In mostra è stato esposto un suo progetto doppio per Marina di Ragusa: la torre di controllo del porto, gemmata da frammenti di struttura esistenti, e la sistemazione del lungomare.

Maria Giuseppina Grasso Cannizzo, Vittoria, 2010. Foto studio Grasso Cannizzo, Courtesy Maria Giuseppina Grasso Cannizzo

Torre di controllo, Marina di Ragusa, 2016. Foto © Fabio Mantovani

EILEEN GRAY

Staging

Enniscorthy, Ireland, 1878 – Paris, France, 1976

Designer and architect Eileen Gray, today considered a pioneer of the Modern Movement, gave up painting at an early age to devote herself to furniture design, experimenting with lacquering techniques. Through her partner, architect and critic Jean Badovici, she met Le Corbusier who encouraged her architectural practice. Her most emblematic work, the E-1027 villa in Cap Martin, brought her due fame but was also cause of great sorrow, due to the outstanding quality of her project that was disfigured by the murals that Le Corbusier painted without her permission but with Badovici's approval.

Eileen Gray. © Berenice Abbott/Getty Images

Eileen Gray and Jean Badovici, 'E.1027: House by the sea', in *L'Architecture Vivante*, 1929

Mise en scène

Enniscorthy, Irlanda, 1878 - Parigi, Francia, 1976

Designer e architetta è oggi considerata una pioniera del Movimento Moderno. Abbandona presto la pittura per dedicarsi al disegno di arredi, sperimentando la tecnica della laccatura. Tramite il suo compagno, l'architetto e critico Jean Badovici, incontra Le Corbusier ed entrambi la spingono verso l'architettura. La sua opera più emblematica, la casa E-1027 a Cap Martin, le porta la dovuta notorietà ma anche grandi sofferenze, proprio a causa dell'incredibile qualità del progetto, umiliato dai murales dipinti a sua insaputa da Le Corbusier con il benestare di Badovici.

Eileen Gray. © Berenice Abbott/Getty Images

Eileen Gray e Jean Badovici, *E.1027: Casa sul mare*, in «L'Architecture Vivante», 1929

GRUPPO VANDA

gruppo
VANDA

Politecnico di Milano
Facoltà di Architettura
Dipartimento di Scienze del Territorio

OSARE
PENSARE
LA CITTÀ
FEMMINA

Promozione:
**Gisella Bassanini, Cristina Bianchi,
Sandra Bonfiglioli, Marisa Bressan, Ida Farè**

Martedì, 18 dicembre 1990
Piazza Leonardo da Vinci, 32
Aula S.01 ore 9,30-17,00

Il seminario si pone in modo non espositivo bensì dialogante. Le domande partono dalla riflessione di un gruppo di donne della Facoltà di Architettura di Milano. Il gruppo assume a stile e guida una triplice relazione: la prima è con alcuni luoghi di pensiero teorico sulla differenza sessuale espressi dal movimento delle donne; la seconda è simbolica e ha come referente le donne abitanti; la terza è interna al gruppo stesso per scambio di saperi.
Perché le donne? La ripresa, alta e forte, delle donne nel pensare il mondo, la proposta della legge sui "tempi della cura", aprono la possibilità di una azione sulla città, come luogo delle diverse soggettività e delle loro complesse relazioni.
Il seminario intende: 1) offrire un luogo di riflessione sulla *città femmina*, combinazione possibile delle relazioni non più determinate dalla sola scansione produttiva, ma dalla vita materiale dei molteplici soggetti urbani che già pongono nuove utopie, differenti bisogni e pratiche nella città: città femmina, città dell'ospitalità; 2) promuovere un gruppo di donne - *Vanda* - che nella Facoltà di Architettura così pensare e pensarsi rispetto al luogo di lavoro e ai saperi che produce.

Domande poste al seminario:
– perché occorre marcare con un segno sessuato lo spazio
– dialogare con i maestri urbanisti
– città patriarcale e città della relazione
– la città del tempo materiale e dei tempi della cura
– fare dell'altra/o un'occasione della propria libertà
– atopicità della donna e topicità dei luoghi
– il pensiero femminile che si interconnette con le molteplicità dei mondi urbani
– ordine e disordini, la città dell'ospitalità.

Dialogo con:
Simonetta Tabboni, sociologa; Paola Manacorda, esperta di progettazione di sistemi informativi territoriali e Assessore allo "Stato civile tutela diritti del cittadino e orari", Comune di Milano; Valeria Erba, urbanista; Marina Piazza, sociologa; Marisa Galbiati, architetto; Francesca Pasini, critica d'arte; Emilia Costa, amante di eco-architettura; Matilde Baffa, architetto; Nora Fumagalli e Franca Rigamonti Berrini del gruppo "Donne e qualità dell'ambiente urbano", PCI Milano; Cristina Treu, urbanista; Clara Golinelli, esperta di normazione tipologica ambientale; Laura Balbo, sociologa e Parlamentare della Sinistra Indipendente; Bianca Bottero, esperta di sistemi residenziali urbani; Corinna Morandi, urbanista; Donatella Mazzoleni, architetto; alcune donne del gruppo "Fare mente locale", Cervia (RA); Graziella Tonon, esperta di urbanistica; Patrizia Gabellini, urbanista.

Recapiti telefonici:
Dipartimento di Scienze del Territorio,
Politecnico di Milano,
via Bonardi 3, 20133 Milano,
telefono 02/2399-5400, fax 02/2399-5435
Gisella Bassanini
uff. 02/2399-5144 ab. 02/5402268.

Voices

Gisella Bassanini, Sandra Bonfiglioli,
Marisa Bressan, Ida Farè
Milan Polytechnic, 1990

Gruppo Vanda was set up by three teachers and a researcher with the aim of studying the thought process and work of women in architecture, design and urban planning, carrying out research activities and writing dissertations. Through a seminar ambitiously entitled *Daring to envision a female city*, the group conducted research into a "city of women" understood as a "city of two," a city of relationships and hospitality, seeking to highlight the dissolution of the patriarchal order of the factory-city and focus attention on the bodies inhabiting it.

The Gruppo Vanda logo by graphic designer Rita Beretta. Courtesy Gruppo Vanda

Brochure of the seminar accompanying the foundation of Gruppo Vanda at the Faculty of Architecture of the Polytechnic University of Milan, 18 December 1990

Voci

Gisella Bassanini, Sandra Bonfiglioli,
Marisa Bressan, Ida Farè
Politecnico di Milano, 1990

Nato da tre docenti e una ricercatrice, Gruppo Vanda si pone l'obiettivo di studiare il pensiero e l'opera delle donne in architettura, design e urbanistica, producendo lavori di ricerca e tesi di laurea. Attraverso un seminario dall'ambizioso titolo *Osare pensare la città femmina*, il gruppo intraprende ricerche sulla «città delle donne» intesa come «città del due», della relazione, dell'ospite, cercando di rendere visibile la dissoluzione del sistema ordinativo della gerarchia patriarcale della città-fabbrica, focalizzando l'attenzione sui corpi che la abitano.

Logo del Gruppo Vanda della graphic designer Rita Beretta
Courtesy Gruppo Vanda

Brochure del seminario che accompagna la nascita del Gruppo Vanda alla Facoltà di Architettura del Politecnico di Milano, 18 dicembre 1990

ZAHA HADID

First Women

Baghdad, Iraq, 1950 – Miami, USA, 2016

Everywhere in the world, from Baghdad to London, Zaha Hadid has been one of the undisputed pioneers of the architectural scene at the turn of the millennium, starting with her early deconstructivist designs up to the her highly personal research on parametric, fluid architecture, as exemplified by her pivotal MAXXI project. What convinced the jury of the competition held in 1998 was the ability of Hadid's proposal to create physical and visual flows with a strong urban character.

Zaha Hadid. Photo © Simone Cecchetti, Courtesy Fondazione MAXXI

Gianni Berengo Gardin, *Cantiere del MAXXI, 27 luglio 2007*, Cantiere d'autore project, b/w silver salts prints on baryta paper, Collezione Fotografia MAXXI Architettura

Prime donne

Baghdad, Iraq, 1950 - Miami, Stati Uniti, 2016

Da Baghdad a Londra, da Londra al resto del mondo Zaha Hadid è stata un'indiscussa prima donna della scena dell'architettura a cavallo del millennio, muovendosi da prime sperimentazioni di matrice decostruttivista fino allo sviluppo di una ricerca tutta personale sull'architettura parametrica e fluida, di cui il MAXXI, progetto di crinale in questo percorso, rappresenta un'espressione eloquente. A convincere la giuria del concorso bandito nel 1998 fu, infatti, la capacità della proposta di Hadid di creare flussi di relazioni fisiche e visive dalla forte carica urbana.

Zaha Hadid. Foto © Simone Cecchetti, Courtesy Fondazione MAXXI

Gianni Berengo Gardin, *Cantiere del MAXXI, 27 luglio 2007*, Progetto Cantiere d'autore, stampe b/n ai sali d'argento su carta baritata, Collezione Fotografia MAXXI Architettura

CORNELIA HAHN OBERLANDER

The City of Women

Mülheim an der Ruhr, Germany, 1921 –
Vancouver, Canada, 2021

German-born landscape architect Cornelia
Hahn Oberlander moved to Vancouver in 1953,
where she soon became known for her socially
responsible and environmentally conscious
work. In her projects, such as the Children's
Creative Center at Expo '67 in Montréeal,
she merged the natural environment with the
principles of modern architecture. She also
recognized the pressing need to address
climate change at an early stage, thus
designing public spaces to mitigate its effects,
and worked with some of the most celebrated
architects of the twentieth century.

Cornelia Hahn Oberlander, Friedman Courtyard,
Vancouver, British Columbia, 1999. Photo © Kiku Hawkes

Landscape plan for Children's Creative Centre
Playground, Canadian Federal Pavilion, Expo '67,
Montreal, 1965–1967. ARCH280457, Cornelia Hahn
Oberlander fonds. Canadian Centre for Architecture.
Gift of Cornelia Hahn Oberlander. © CCA

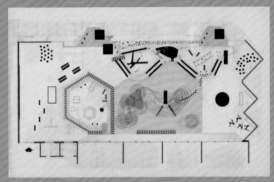

La città delle donne

Mülheim an der Ruhr, Germania, 1921 -
Vancouver, Canada, 2021

Architetta paesaggista di origine tedesca,
nel 1953 si trasferisce a Vancouver,
dove diventa presto nota per il suo lavoro
socialmente responsabile e attento
all'ambiente. Nei suoi progetti, come il
Children's Creative Center all'Expo '67
di Montréal, fonde l'ambiente naturale
con i principi dell'architettura moderna.
Riconosce inoltre molto presto l'urgenza del
cambiamento climatico progettando spazi
pubblici per mitigarne gli effetti e lavora con
alcuni degli architetti più celebri del XX secolo.

Cornelia Hahn Oberlander, Giardino del Friedman Building,
Vancouver, British Columbia,1999. Foto © Kiku Hawkes

Pianta dell'area giochi del Children's Creative Centre
Playground, Padiglione federale canadese, Expo '67,
Montréal, 1965-1967. ARCH280457, Cornelia Hahn
Oberlander fonds Canadian Centre for Architecture.
Gift of Cornelia Hahn Oberlander. © CCA

ITSUKO HASEGAWA

Staging

Shizuoka Prefecture, Japan, 1941

Itsuko Hasegawa is a silent, key icon of Japanese architecture. After an early stage dedicated to mathematics and abstract painting, she turned to architecture giving a substantial contribution to the definition of the most conceptual and artistic wave of Japanese architecture, which was launched by Shinohara and Kikutake. Her many buildings are developed around the concepts of void, generic space and chromatic contrasts, which are used as a way of mediating between the inner life of residents and external space.

Itsuko Hasegawa, Itsuko Hasegawa atelier, Tokyo. Courtesy Itsuko Hasegawa

Fruit Museum, 1995, Yamanashi. Photo © Mitsumasa Fujitsuka, Courtesy Itsuko Hasegawa

Mise en scène

Prefettura di Shizuoka, Giappone, 1941

Itsuko Hasegawa è un'icona silenziosa e cruciale dell'architettura giapponese. Arriva all'architettura dalla matematica e dalla pittura astratta e contribuisce sostanzialmente a definire la corrente più concettuale e artistica dell'architettura giapponese, iniziata da Shinohara e Kikutake. I suoi numerosissimi edifici si sviluppano intorno al concetto di vuoto, di spazio generico, di contrasto cromatico, utilizzati come fattori di mediazione tra la vita interiore degli abitanti e lo spazio esterno.

Itsuko Hasegawa, Studio Itsuko Hasegawa, Tokyo. Courtesy Itsuko Hasegawa

Fruit Museum, 1995, Yamanashi. Foto © Mitsumasa Fujitsuka, Courtesy Itsuko Hasegawa

SOPHIA HAYDEN

First Women

Santiago, Chile, 1868 – Winthrop, USA, 1953

As the first American woman to graduate from an architecture school, Hayden was entrusted with the design of the Woman's Building at the 1893 World's Columbian Exposition in Chicago, as part of a competition open only to women. Daniel Burnham was appointed director of works, a circumstance that highlighted the organizers' reluctance to acknowledge Hayden's technical and creative competence. The Woman's Building was to remain the only building Sophia Hayden completed during her career, but in spite of this, she played a key role in the promotion of women architects in the United States.

Sophia G. Hayden, head and shoulders portrait, facing right. From Johnson, Rossiter *A History of the World's Columbian Exposition*, vol. 1. D. Appleton and Co., 1897

Woman's Building, World's Columbian Exposition, 1893. Prints and Photographs Division Washington, Library of Congress, LC-USZ62-74119

Prime donne

Santiago del Cile, Cile,1868 - Winthrop, Stati Uniti, 1953

Alla prima laureata americana, in occasione della Fiera Colombiana di Chicago del 1893, viene affidata la progettazione del Woman's Building, nell'ambito di un concorso aperto a sole donne. Le viene affiancato quale direttore dei lavori Daniel Burnham, evidenziando la riluttanza nel riconoscerle in quanto donna una competenza tecnica, oltre che creativa. Il Woman's Building resterà l'unico edificio realizzato nella sua carriera, ma nonostante ciò Sophia Hayden ha svolto un ruolo chiave nel riconoscimento della professione per le donne negli Stati Uniti.

Sophia G. Hayden, ritratto testa e spalle rivolto a destra. Da Johnson, Rossiter *A History of the World's Columbian Exposition*, vol. 1, D. Appleton and Co., 1897

Woman's Building, Fiera Colombiana di Chicago, 1893. Prints and Photographs Division Washington, Library of Congress, LC-USZ62-74119

FRANCA HELG

Staging

Milan, Italy, 1920–1989

Franca Helg, together with Franco Albini, designed buildings, museum set-ups, and exhibition spaces of great value and unparalleled simplicity: projects based on a shared methodological rigor merging personal aptitude with the creative process of architecture and design. The layout of the Olivetti shop in Paris encapsulates Helg's exhibition sensitivity, attention to detail, and focus on innovation, without ever forgetting respect for tradition, modernity, and classicism.

Franca Helg and Franco Albini in their studio in via XX Settembre, Milan, 1968

Franca Helg and Franco Albini, Olivetti store, Paris, 1958–1960

Courtesy Archivio Fondazione Franco Albini

Mise en scène

Milano, Italia, 1920-1989

Franca Helg insieme a Franco Albini realizza edifici, allestimenti museali e spazi espostivi di grandissimo valore e ineguagliata semplicità. Progetti fondati su un rigore metodologico condiviso che da attitudine personale confluisce nel processo creativo dell'architettura e del design. L'allestimento del negozio Olivetti di Parigi racchiude tutto questo mondo fatto di sensibilità espositiva, cura del dettaglio, ricerca del nuovo, senza mai dimenticare il rispetto per la tradizione, la modernità e la classicità insieme.

Franca Helg e Franco Albini nel loro studio di via XX Settembre, Milano, 1968. Courtesy Archivio Fondazione Franco Albini

Franca Helg e Franco Albini, negozio Olivetti, Parigi, 1958-1960

Courtesy Archivio Fondazione Franco Albini

PATTY HOPKINS

Couplings

Stoke-on-Trent, UK, 1942

After graduating from the Architectural Association in London, Patty Hopkins founded Hopkins Architects with her husband in 1976; together, they built their house in Hampstead, which they designed to be both a working and living space. In 1994, Patty and Michael Hopkins were jointly awarded the RIBA's Royal Gold Medal for Architecture, whereas in 2014 Patty was the subject of a controversial incident that saw her being "removed" from a photo depicting her as the only woman among the top five British architects.

Michael Hopkins and Patricia Hopkins with a model of Portcullis House, London, 1989.
Photo © Morley von Sternberg, Courtesy RIBA Collections

Patricia and Michael Hopkins, Hopkins' House, the studio on the upper level, London, 1994.
Photo © Joe Low, Courtesy RIBA Collections

Duetti

Stoke-on-Trent, Regno Unito, 1942

Dopo essersi laureata all'Architectural Association di Londra, nel 1976 fonda con il marito lo studio Hopkins Architects e insieme realizzano la loro casa a Hampstead, concepita per essere al tempo stesso uno spazio di lavoro e di vita familiare. Nel 1994 Patty e Michael Hopkins sono insigniti congiuntamente della Royal Gold Medal for Architecture del RIBA, mentre nel 2014 Patty è protagonista di una vicenda controversa per essere stata "rimossa" a posteriori da una foto che la ritraeva, unica donna, tra i cinque massimi architetti inglesi.

Michael Hopkins e Patricia Hopkins con un modello in scala di Portcullis House, Londra, 1989.
Foto © Morley von Sternberg, Courtesy RIBA Collections

Patricia e Michael Hopkins, Casa degli Hopkins, studio al piano superiore, Londra, 1994. Foto © Joe Low, Courtesy RIBA Collections

SIGNE HORNBORG

First Women

Turku, Finland, 1862 – Helsinki, Finland, 1916

Finland was the first country to allow women to study architecture, although at first only with a special student status. As a result, in 1890 Signe Hornborg became the world's first woman to graduate in architecture. She began working at a very early age, but her name never appeared on any project, even those that she herself designed entirely.
In most cases she was responsible for the design of facades, where she expressed a style inspired by romantic nationalism with a touch of Art Nouveau.

Signe Hornborg. Photo Daniel Nyblin, Atelier Nyblin's collection, Finnish Heritage Agency

Newander House, 1892, Pori. Photo John Englund. Courtesy Satakunta Museum

Prime donne

Turku, Finlandia, 1862 - Helsinki, Finlandia, 1916

È in Finlandia che le donne ottengono per la prima volta l'autorizzazione a intraprendere studi di architettura, sebbene inizialmente con uno status di studentesse speciali. Proprio grazie a tale status Signe Hornborg nel 1890 diventa la prima donna al mondo a laurearsi in architettura. Inizia a lavorare sul campo prestissimo ma la sua firma non appare su alcun progetto, pur se interamente di sua concezione. Le viene infatti affidato per lo più il disegno delle facciate, in cui manifesta uno stile ispirato al nazionalismo romantico con influenze Art Nouveau.

Signe Hornborg. Foto Daniel Nyblin, collezione dell'Atelier Nyblin, Finnish Heritage Agency

Newander House, 1892, Pori. Foto John Englund, Courtesy Satakunta Museum

FRANCINE HOUBEN

Lady Managers

Sittard, Netherlands, 1955

Francine Houben graduated from the Delft University of Technology and founded Mecanoo with four partners in 1984. As the only remaining founder at the head of the firm, Houben has worked with a large interdisciplinary team on numerous international projects over the years, tackling social and environmental issues and proposing innovative, unique solutions for each project. Many of her master plan proposals focus on sustainable mobility, such as the Journey of the Future study, carried out for NS Dutch Railways with the aim of making mobility flexible and adaptable to different needs.

Francine Houben in her house, Rotterdam, 2016.
Photo Mecanoo, Courtesy Mecanoo

NS Journey of the Future, Netherlands, 2019, explanatory board of the sustainable mobility project *A Journey to the Future – A Passenger Experience.* Digital drawing, Photo Mecanoo, Courtesy Mecanoo

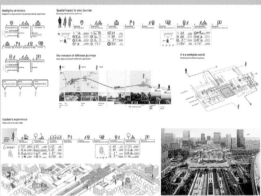

Lady Managers

Sittard, Paesi Bassi, 1955

Si laurea alla Technische Universiteit di Delft e nel 1984 fonda, con altri quattro soci, lo studio Mecanoo. Unica rimasta dei fondatori originali a guidare lo studio, Houben realizza negli anni, con un ampio team interdisciplinare, numerosi progetti internazionali che affrontano problematiche sociali e ambientali proponendo soluzioni innovative e uniche per ogni lavoro. Molte le proposte di masterplan incentrate sulla mobilità sostenibile, come lo studio Journey of the Future realizzato per NS ferrovie olandesi per una mobilità flessibile e adattabile a diverse necessità.

Francine Houben nella sua casa, Rotterdam, 2016.
Foto Mecanoo, Courtesy Mecanoo

NS Journey of the Future, Paesi Bassi, 2019, tavola esplicativa del progetto di mobilità sostenibile *A Journey to the Future – A Passenger Experience.* Elaborato digitale, Foto Mecanoo, Courtesy Mecanoo

LIN HUIYIN

Couplings

Hangzhou, China, 1904 – Beijing, China, 1955

As a poet and architectural historian, Lin Huiyin published works on literature, art, architecture and philosophy. In the 1920s, she followed her father to Europe and the United States before marrying Liang Sicheng in Canada. Upon returning to China, she began teaching architecture and committing to the study and preservation of ancient Chinese architecture in remote parts of the country together with her husband. She also contributed to the design of China's national emblem and the Monument to the People's Heroes in Beijing's Tiananmen Square.

Lin Huiyin and Liang Sicheng on the Temple of Heaven in Beijing, 1936. Courtesy of the Architectural Archives, University of Pennsylvania

Monument to People's Heroes at Tiananmen Square. Photo Yi An from Pixabay

Duetti

Hangzhou, Cina, 1904 - Pechino, Cina, 1955

Poetessa e storica dell'architettura, ha scritto di letteratura, arte, architettura e filosofia. Al seguito del padre negli anni venti del Novecento viaggia in Europa e negli Stati Uniti, per poi sposarsi in Canada con Liang Sicheng. Rientrati in Cina, Lin Huiyin ha iniziato a insegnare architettura e a impegnarsi con il marito nello studio e conservazione dell'architettura cinese antica fin nelle zone più remote del paese. Ha anche contribuito alla progettazione dell'emblema nazionale cinese e del monumento agli eroi del popolo in piazza Tienanmen a Pechino.

Lin Huiyin e Liang Sicheng sul Tempio del Cielo a Pechino, 1936. Courtesy of the Architectural Archives, University of Pennsylvania

Monumento agli eroi del popolo in Piazza Tienanmen. Foto Yi An da Pixabay

ADA LOUISE HUXTABLE

First Women

New York, USA, 1921–2013

In 1946, Ada Louise Huxtable was called by Philip Johnson to work in the Department of Architecture and Design of MoMA. Between 1950 and 1951, she came to Italy on a Fulbright Scholarship, which resulted in the first monograph on Pier Luigi Nervi, published in 1960. But above all as *The Times* wrote in 1981, Huxtable was the first full-time architecture critic at an American newspaper, namely *The New York Times*, thereby bringing the themes of design and planning to the general public. She won the first Pulitzer Prize for Criticism in 1970.

Ada Louise Huxtable, c.1972. Photo © L. Garth Huxtable, Courtesy Getty Reasearch Institute, Los Angeles (2013.M.9), © J. Paul Getty Trust

The Modern Movement in Italy, Sala Nervi, MoMA, New York, 18 August – 6 September 1954, gelatin silver print . Photo Oliver Baker, Photographic Archive, The Museum of Modern Art, New York/Scala, Firenze

Prime donne

New York, Stati Uniti, 1921-2013

Nel 1946 è chiamata da Philip Johnson al Dipartimento di architettura e design del MoMA. Tra il 1950 e il 1951 è in Italia con una borsa di studio Fulbright: ne deriva la prima monografia su Pier Luigi Nervi, pubblicata nel 1960. Ma soprattutto, come ha riportato il «Times» nel 1981, è stata, dal 1963, la prima critica di architettura a tempo pieno presso un giornale americano, il «The New York Times», portando tra i lettori comuni i temi del progetto e della pianificazione, aggiudicandosi il primo Premio Pulitzer per la critica nel 1970.

Ada Louise Huxtable, 1972 circa. Foto © L. Garth Huxtable, Courtesy Getty Reasearch Institute, Los Angeles (2013.M.9), © J. Paul Getty Trust

The Modern Movement in Italy, Sala Nervi, MoMA, New York, 18 agosto - 6 settembre 1954, stampa alla gelatina d'argento. Foto Oliver Baker, Photographic Archive, The Museum of Modern Art, New York/Scala, Firenze

JANE JACOBS

THE DEATH AND LIFE OF GREAT AMERICAN CITIES

JANE JACOBS

V–241   A VINTAGE BOOK $1.95

Voices

Scranton, USA, 1916 – Toronto, Canada, 2006

A Columbia University's School of General Studies graduate, she wrote articles for several magazines with an acute and innovative view on city issues. Her writings won her a grant to produce a study on city planning. The result was her book *The Death and Life of Great American Cities* that introduces ground-breaking ideas about how cities function and evolve. Despite her lack of formal training in urban planning, Jacobs' writings and activism are still influential nowadays.

Jane Jacobs, Lions Head Restaurant, 1961.
Photo Phil Stanziola, Courtesy Library of Congress Prints and Photographs Division Washington, D.C.

J. Jacobs, *The Death and Life of Great American Cities*, New York: Random House, 1961. Photo Giorgio Benni, Courtesy Fondazione MAXXI

Voci

Scranton, Stati Uniti, 1916 - Toronto, Canada, 2006

Formatasi presso la Columbia University's School of General Studies, scrive articoli per varie riviste con una visione acuta e innovativa sui problemi della città, che la portano a vincere una sovvenzione per produrre uno studio sulla pianificazione urbana. Il risultato è il libro *The Death and Life of Great American Cities* che introduce idee rivoluzionarie sul funzionamento e l'evoluzione delle città.
Pur non avendo una formazione specifica nella pianificazione urbana, gli scritti e l'attivismo di Jacobs sono influenti ancora oggi.

Jane Jacobs, Lions Head Restaurant, 1961. Foto Phil Stanziola, Courtesy Library of Congress Prints and Photographs Division Washington, D.C.

J. Jacobs, *The Death and Life of Great American Cities*, New York, Random House, 1961. Foto Giorgio Benni, Courtesy Fondazione MAXXI

PHYLLIS LAMBERT

Voices

Montreal, Canada, 1927

Born in Montreal into a family of whisky producers, Phyllis (Bronfman) moved to Paris to study sculpture, but hastily returned to New York in 1954 to convince her father to entrust Ludwig Mies van der Rohe with the construction of the Seagram Building, which she would follow as part of the project management team. From that moment on, architecture and preservation of architectural heritage became the focus of her existence. In 1979, she founded the CCA, one of the most important institutions for the study and promotion of architecture, in Montreal.

Phyllis Lambert, Chicago, 1971. Photo Ron Milewiski, Phyllis Lambert fonds, Canadian Centre for Architecture

Pier Associates, composite photograph of Phyllis Lambert and David Fix in their studio, 403–409 East Illinois Street, Chicago, c. 1970

Voci

Montréal, Canada, 1927

Nata a Montréal da una famiglia di produttori di whisky, Phyllis (Bronfman) si sposta a Parigi per studiare scultura, ma torna precipitosamente a New York nel 1954 per convincere il padre ad affidare a Ludwig Mies van der Rohe l'incarico di realizzare il Seagram Building, di cui seguirà la realizzazione nel team di progettazione. Da quel momento l'architettura e le questioni della *preservation* diventano il centro della sua esistenza. Nel 1979 fonda a Montréal il CCA, uno dei più importanti luoghi di studio e promozione per l'architettura.

Phyllis Lambert, Chicago, 1971. Foto Ron Milewiski, Phyllis Lambert fonds, Canadian Centre for Architecture

Pier Associates, composit fotografico di Phyllis Lambert e David Fix nel loro studio, 403-409 East Illinois Street, Chicago, 1970 circa

BLANCHE LEMCO VAN GINKEL

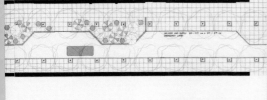

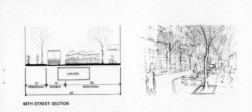

48TH STREET SECTION

Couplings

London, UK, 1923 – Toronto, Canada, 2022

After an experience in Le Corbusier's atelier, Blanche Lemco and her husband Daniel (Sandy) van Ginkel founded Van Ginkel Associates in Montreal in 1957; the studio is distinguished by its modern vision and its sensitive approach to urban planning. Lemco and Van Ginkel's focus on circulation led them to organize a pioneering campaign for the preservation of historic neighborhoods by means of sustainable solutions and pedestrian environments long before these concerns became commonplace.

Blanche Lemco. Courtesy McGill University Archives

Van Ginkel Associates, section, plan and elevation of 48th Street in New York, from the study *Movement in Midtown*, 1970. Van Ginkel Associates fonds, Collection Centre Canadien d'Architecture, Gift of H.P. Daniel and Blanche Lemco van Ginkel. © CCA

Duetti

Londra, Regno Unito, 1923 - Toronto, Canada, 2022

Architetta e docente, dopo un'esperienza nell'atelier di Le Corbusier fonda nel 1957, con il marito Daniel (Sandy) van Ginkel, a Montréal lo studio Van Ginkel Associates, che si distingue per la visione moderna e un approccio sensibile alla pianificazione urbana. Con un'attenzione per la circolazione, Lemco e Van Ginkel hanno portato avanti una pionieristica campagna per la conservazione dei quartieri storici, con soluzioni sostenibili e ambienti pedonali, molto prima che queste preoccupazioni diventassero comuni.

Blanche Lemco. Courtesy McGill University Archives

Van Ginkel Associates, sezione, pianta e prospetto della 48ª strada a New York, dallo studio *Movement in Midtown,* 1970. Van Ginkel Associates fonds, Collection Centre Canadien d'Architecture, Gift of H.P. Daniel and Blanche Lemco van Ginkel. © CCA

ELENA LUZZATTO VALENTINI

First Women

Ancona, Italy, 1900 – Rome, Italy, 1983

As a pioneer of Italian rationalism, Elena Luzzatto Valentini was the first Italian woman to graduate from the Royal School of Architecture in Rome in 1925. In that same year, she began working in the Technical Office of the Governorate of Rome, where she had the opportunity to take part in the design of several public buildings such as schools, markets, and cemeteries. She was an incredibly prolific professional and often collaborated with other architects during her career; for instance, she worked with Maria Teresa Parpagliolo on the French Military Cemetery in Rome shown in the exhibition.

Elena Luzzatto Valentini holding a scale model of the Primavalle market, 1950s

Elena Luzzatto Valentini and Maria Teresa Parpagliolo, French Military Cemetery, 1945, Rome

Archivio Privato Mauro Ferroni

Prime donne

Ancona, Italia, 1900 - Roma, Italia, 1983

Pioniera del Razionalismo italiano, è la prima donna italiana a laurearsi presso la Regia Scuola Superiore di Architettura di Roma nel 1925. Nello stesso anno inizia a lavorare nell'Ufficio tecnico del Governatorato di Roma, avendo così l'occasione di partecipare alla progettazione di diversi edifici pubblici come scuole, mercati e cimiteri. Professionista incredibilmente prolifica, durante la sua carriera collabora spesso con altre progettiste come accaduto con Maria Teresa Parpagliolo per il Cimitero militare francese a Roma esposto in mostra.

Elena Luzzatto Valentini con in mano il plastico del mercato Primavalle, anni cinquanta

Elena Luzzatto Valentini e Maria Teresa Parpagliolo, Cimitero militare francese, 1945, Roma

Archivio Privato Mauro Ferroni

MARION MAHONY GRIFFIN

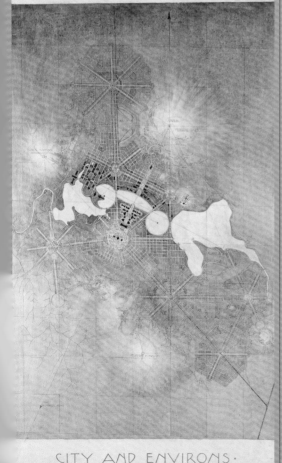

The City of Women

Chicago, USA, 1871–1961

After graduating from MIT, Marion Mahony Griffin became the first woman architect of Illinois. While in Chicago, she met Frank Lloyd Wright, for whom she worked for fifteen years, also contributing to his initial fame by producing the famous watercolors of his designs, which were long attributed to the master, who never acknowledged her. In 1914, after winning the competition for the design of the newly founded capital city of Canberra in 1911, she and her husband Walter Burley Griffin moved to Australia for fifteen years to supervise the construction of the city.

Marion Mahony-Griffin. Courtesy National Archives of Australia

Marion Mahony-Griffin and Walter Burley Griffin, plan for the international competition for the Australian Federal Capital Canberra, 1911–1912, National Archives of Australia. © National Archives of Australia

La città delle donne

Chicago, Stati Uniti, 1871-1961

Dopo la laurea al MIT diventa la prima architetta dell'Illinois e a Chicago incontra Frank Lloyd Wright, per il quale lavora quindici anni, e contribuisce alla sua iniziale notorietà realizzando i celebri acquerelli dei suoi progetti, a lungo attribuiti al maestro che l'ha sempre tenuta nell'ombra. Nel 1914 con il marito Walter Burley Griffin si trasferisce in Australia per quindici anni, per supervisionare la costruzione della città di Canberra, dopo essersi aggiudicati nel 1911 il concorso per la pianificazione della capitale di nuova fondazione.

Marion Mahony-Griffin. Courtesy National Archives of Australia

Marion Mahony-Griffin e Walter Burley Griffin, piano per il Concorso internazionale della capitale federale australiana Canberra, 1911-1912, National Archives of Australia. © National Archives of Australia

LINA MALFONA

The City of Women

Cosenza, Italy, 1980

Lina Malfona is a young and already rather accomplished star of Italian architecture. She received her training in the Roman area and developed her independent perspective through her dialogue with a local dimension and her passion for single-family detached houses. This background has led her to the creation of an interesting constellation of houses—shown here in the exhibition—in a fairly small zone of the municipality of Formello, a suburban area chosen by many Roman commuters.

Lina Malfona. Photo Fabio Petrini

Malfona Petrini Architecture, *Arcipelago*.
Ultra-residential prototypes, Formello (Rome), 2010–2018, general axonometry

La città delle donne

Cosenza, Italia, 1980

Lina Malfona è una giovane promessa già piuttosto realizzata dell'architettura italiana. Formatasi nell'area romana, ha trovato una dimensione indipendente attraverso la relazione con il territorio e la passione per il tema della casa unifamiliare. Da tutto questo nasce un'interessante costellazione di case, qui testimoniata in mostra, in un'area piuttosto concentrata del comune di Formello, residenza suburbana scelta da molti *commuters* romani.

Lina Malfona. Foto Fabio Petrini

Malfona Petrini Architecture, *Arcipelago*. Prototipi ultra-residenziali, Formello (Roma), 2010-2018, assonometria generale

MATRIX

'A stiff challenge to the great macho myths of metropolitan architecture.'

Voices

London, UK, 1980

Matrix is one of the first architectural groups in Britain to take an overtly feminist stance. Their activities include research about gender and space; creating feminist design support; and enabling more women into construction and architecture. One of their first projects was *Making Space: Women and the Man-Made Environment*, a book exploring the socio-political context of designing the built environment, and tracing the implications of feminist theory and critique on urban design.

Members of Matrix in the 1990s. Back row (left to right): Mo Hildenbrand, Sheelagh McManus, Raechel Ferguson. Front row (left to right): Janie Grote, Annie-Louise Phiri, Julia Dwyer. Photo © Jenny Burgen, Courtesy Matrix Open feminist architecture archive

MATRIX, *Making Space: Women and the Man-Made Environment*, London: Pluto Press, 1984. Photo Giorgio Benni, Courtesy Fondazione MAXXI

Voci

Londra, Regno Unito, 1980

Matrix è uno dei primi gruppi di architettura del Regno Unito ad assumere una posizione apertamente femminista. Le attività includono ricerche su genere e spazio; supporto per progettazione femminista; inserimento di più donne nell'architettura. Tra i primi progetti il libro *Making Space. Women and the Man-Made Environment*, in cui si esplora il contesto socio-politico della progettazione dell'ambiente costruito e si tracciano le implicazioni della teoria e critica femminista nella pianificazione urbana.

Membri di Matrix negli anni novanta. Dietro, da sinistra: Mo Hildenbrand, Sheelagh McManus, Raechel Ferguson. Davanti, da sinistra a destra: Janie Grote, Annie-Louise Phiri, Julia Dwyer. Foto © Jenny Burgen, Courtesy Matrix Open feminist architecture archive

MATRIX, *Making Space: Women and the Man-Made Environment*, London, Pluto Press, 1984. Foto Giorgio Benni, Courtesy Fondazione MAXXI

NORMA MERRICK SKLAREK

First Women

New York, USA, 1926 – Pacific Palisades, USA, 2012

After graduating from Columbia University, Sklarek faced several episodes of discrimination—both as a woman and as an African American—in her search for a position as an architect, being initially rejected by nineteen firms. However, her intelligence, talent and resolve enabled her to overcome racism and sexism and not only become an outstanding architect but also a respected professional, leading her to senior roles first at Skidmore, Owings & Merrill in New York and then at Studio Gruen in Los Angeles.

Norma Merrick Sklarek

Gruen Associates, City Hall, 1972–1973, San Bernardino, California

Courtesy Gruen Associates

Prime donne

New York, Stati Uniti, 1926 - Pacific Palisades, Stati Uniti, 2012

Dopo essersi laureata alla Columbia University, Sklarek deve affrontare numerose discriminazioni – in quanto donna e in quanto afroamericana – nella ricerca di un impiego come architetta, venendo rifiutata da ben diciannove studi. Tuttavia, intelligenza, talento e tenacia le permettono di superare il razzismo e il sessismo e diventare non solo un'architetta di spicco ma anche una leader nella professione, portandola a rivestire ruoli di responsabilità prima presso Skidmore, Owings & Merrill a New York e poi presso lo Studio Gruen di Los Angeles.

Norma Merrick Sklarek

Gruen Associates, Municipio, 1972-1973, San Bernardino, California

Courtesy Gruen Associates

SIBYL MOHOLY-NAGY

Nomadisms

Dresden, Germany, 1903 – New York, USA, 1971

German-born architectural historian, critic and teacher, Sibyl Moholy-Nagy moved to the United States with her husband László Moholy-Nagy, the Hungarian artist to whom she dedicated an important book. Through her numerous writings and lectures, Sibyl Moholy-Nagy became a major player in the post-war American architectural scene. She played a fundamental role in the critical reassessment of modern architecture after the Second World War and in the increased focus on vernacular architecture and urban issues.

Sibyl Moholy-Nagy as depicted on the bookjacket of *Native Genius of Anonymous Architecture,* 1957. Photo © V. Cherry, Courtesy Hattula Moholy-Nagy

Sibyl Moholy-Nagy, *Native Genius in Anonymous Architecture*, New York: Horizon Press Inc., 1957

Nomadismi

Dresda, Germania, 1903 - New York, Stati Uniti, 1971

Storica dell'architettura, critica e insegnante di origine tedesca, si trasferisce negli Stati Uniti insieme al marito, l'artista ungherese László Moholy-Nagy, al cui lavoro dedica un importante libro. Attraverso i suoi numerosi scritti e conferenze, Sibyl Moholy-Nagy diventa una presenza forte sulla scena architettonica americana del secondo dopoguerra. Svolge un ruolo fondamentale nella rivalutazione critica dell'architettura moderna e nella maggiore attenzione all'architettura vernacolare e alle questioni urbane.

Sibyl Moholy-Nagy nell'immagine utilizzata per la sovracoperta di *Native Genius of Anonymous Architecture*, 1957. Foto © V. Cherry, Courtesy Hattula Moholy-Nagy

Sibyl Moholy-Nagy, *Native Genius in Anonymous Architecture*, New York, Horizon Press Inc., 1957

JULIA MORGAN

Lady Managers

San Francisco, USA, 1872–1957

After graduating from the University of California at Berkeley, Morgan went to Paris in 1896 where she graduated from École des Beaux-Arts. She later became the first woman in California to be granted an architect's license. She opened her own architectural firm in 1904 and the devastation of the San Francisco earthquake of 1906 provided her with the opportunity to design hundreds of buildings. In 1919 she designed for the publishing magnate William Randolph Hearst a country house known as Hearst Castle, an eclectic building inspired by Spanish Colonial Revival style.

Julia Morgan and William Randolph Hearst, Hearst Castle, San Simeon, 1926. Courtesy Marc Wanamaker / Bison Archives

Sketch of the exterior front facade of the Casa Grande at Hearst Castle, San Simeon, 1940s. Courtesy Julia Morgan Papers, Special Collections and Archives, California Polytechnic State University

Lady Managers

San Francisco, Stati Uniti, 1872-1957

Dopo la laurea alla University of California di Berkeley, Morgan si reca a Parigi nel 1896, dove si laurea all'École des Beaux-Arts. Diventa, in seguito, la prima donna a ottenere una licenza d'architetto in California. Nel 1904 apre il suo studio e la devastazione del terremoto di San Francisco del 1906 le offre l'opportunità di progettare centinaia di edifici. Nel 1919 progetta, per il magnate dell'editoria William Randolph Hearst, una residenza di campagna nota come Hearst Castle, un complesso eclettico ispirato allo stile neocoloniale spagnolo.

Julia Morgan e William Randolph Hearst, Hearst Castle, San Simeon, 1926. Courtesy Marc Wanamaker / Bison Archives

Schizzo della facciata esterna della Casa Grande di Hearst Castle, San Simeon, anni quaranta. Courtesy Julia Morgan Papers, Special Collections and Archives, California Polytechnic State University

TOSHIKO MORI

Traces

Kōbe, Japan, 1951

In 1995, Japan-born, US-trained Toshiko Mori was the first woman to obtain a full tenure at Harvard's School of Architecture (GSD). From 2002 to 2008, she led the school with a focus on professional pragmatism and clarity of expression. As a committed environmental and energy activist, she built the Ecological Cultural Centre of Sinthian, Senegal in 2015, which was on show. The architectural form of the center is the result of the implementation of a sophisticated rainwater harvesting system.

Toshiko Mori, New York, 2015. Photo Ralph Gibson, Courtesy Toshiko Mori Architect

Thread Artists' Residences & Cultural Center, Sinthian, 2015, view of an interior courtyard, view of the exterior. Photo © Iwan Baan

Tracce

Kōbe, Giappone, 1951

Giapponese di origine, statunitense di formazione, Toshiko Mori è stata la prima donna a ottenere un incarico permanente alla Scuola di architettura (GSD) della Harvard University nel 1995. Dal 2002 al 2008 ha guidato la scuola dando un'impronta orientata al pragmatismo professionale e alla chiarezza espressiva. Impegnata nelle tematiche ambientali ed energetiche, ha realizzato nel 2015 in Senegal il Centro Culturale Ecologico del villaggio Sinthian, esposto in mostra, dove la forma architettonica nasce da un sofisticato sistema di raccolta dell'acqua piovana.

Toshiko Mori, New York, 2015. Foto Ralph Gibson, Courtesy Toshiko Mori Architect

Residenze d'artista e centro culturale Thread, Sinthian, 2015, veduta di una corte interna, veduta dell'esterno. Foto © Iwan Baan

CATHERINE MOSBACH

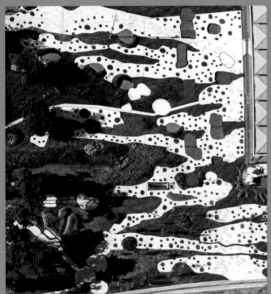

Staging

Paris, France, 1962

Catherine Mosbach founded the Paris-based design firm mosbach paysagistes in 1987. She is renowned for her socially and environmentally responsible work reflecting temporality and continuous change, evocative of history, culture, and natural elements. Mosbach's work unveils the potential and hidden layers of a landscape, making the amorphous, ambiguous or slow-moving apparent in real time. The firm's projects are often developed over the course of a decade.

Catherine Mosbach, 2012, Louvre Lens. Photo © Claude Waeghemacker, Courtesy mosbach paysagistes

mosbach paysagistes, Terrasse des Arts, Louvre Lens Museum Park, 2013. Photo © Altimage – Philippe Frutier

Mise en scène

Parigi, Francia, 1962

Catherine Mosbach fonda lo studio mosbach paysagistes nel 1987 a Parigi. È riconosciuta per i suoi lavori attenti agli aspetti sociali e ambientali che testimoniano la temporalità e il cambiamento continuo, suggerendo, a chi interagisce con questi paesaggi, relazioni con la storia, la cultura e gli elementi. I lavori di Mosbach rivelano latenze e livelli nascosti, rendendo manifesto, nel tempo reale, l'amorfo, l'ambiguo, il lento. I progetti dello studio vengono spesso realizzati nel corso di un decennio.

Catherine Mosbach, 2012, Louvre Lens. Foto © Claude Waeghemacker, Courtesy mosbach paysagistes

mosbach paysagistes, Terrazza delle Arti, parco del Louvre Lens Museum, 2013. Foto © Altimage – Philippe Frutier

SUSANNA NOBILI

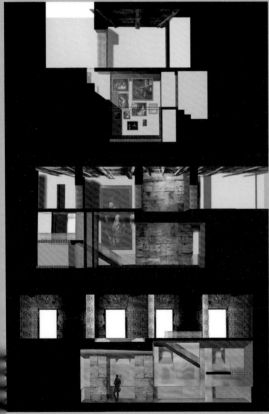

Traces

Rome, Italy, 1951

After graduating in Rome and training in Paris and Vienna, Susanna Nobili began working in Pier Luigi Nervi's studio. Her projects—ranging from town planning to industrial design, from the restoration of historic buildings to exhibition set-ups, from residential and social housing to civil works for public and private clients both in Italy and abroad—are marked by a strong integration between architectural form and structural essence, great environmental sensitivity and an interest in light as a material and as an element of design content.

Susanna Nobili, Rome, 2011

SNA, Susanna Nobili Architettura, S. Nobili, A. Rovere, with F. Castagna, D. Arca, S. Struglia, ISEUM, architectural restoration and functional adaptation of the pre-existent archaeological area of the Temple of Isis and Serapis, Rome, 2021

Courtesy SNA Susanna Nobili Architettura

Tracce

Roma, Italia, 1951

Dopo la laurea a Roma e le esperienze formative a Parigi e Vienna, Nobili inizia la propria attività nello studio di Pier Luigi Nervi. I suoi progetti – dall'urbanistica all'industrial design, dal restauro di edifici storici agli allestimenti espositivi, dall'edilizia residenziale e sociale alle opere civili per conto di committenze pubbliche e private in Italia e all'estero – sono segnati da una forte integrazione tra forma architettonica e essenza strutturale, da una peculiare sensibilità ambientale e dall'interesse verso la luce come materiale e contenuto progettuale.

Susanna Nobili, Roma, 2011

SNA, Susanna Nobili Architettura, S. Nobili, A. Rovere, con F. Castagna, D. Arca, S. Struglia, ISEUM, restauro architettonico e adeguamento funzionale della preesistenza archeologica del Tempio di Iside e Serapide, Roma, 2021

Courtesy SNA Susanna Nobili Architettura

ORIZZONTALE

Voices

Jacopo Ammendola, Juan Lopez Cano, Giuseppe Grant, Margherita Manfra, Nasrin Mohiti Asli, Roberto Pantaleoni, Stefano Ragazzo, Rome, Italy, 2010

Orizzontale promotes projects for the creation of common relational spaces that operate in the ground for experimenting new kinds of collaborative interactions between city dwellers and urban common spaces. *8 ½*, a mobile theater made with wooden planks and beer kegs that become lighting bodies won the 2014 edition of the Yap – Young Architects Program, organized by MAXXI and MoMA PS1.

Orizzontale, MAXXI, Rome, 2014.
Photo © Musacchio Ianniello, Courtesy Fondazione MAXXI

Orizzontale in collaboration with: ADLM Architetti, NOEO, Rub Kandy, Mara Zamuner, Alessandro Imbriaco, Alessandro Vitali, Nicola Barbuto. PROSSIMA APERTURA. A new model of urban regeneration, Aprilia 2019–2021. Photo Nicola Barbuto

Voci

Jacopo Ammendola, Juan Lopez Cano, Giuseppe Grant, Margherita Manfra, Nasrin Mohiti Asli, Roberto Pantaleoni, Stefano Ragazzo, Roma, Italia, 2010

Orizzontale promuove progetti di spazi pubblici relazionali operando in un terreno di sperimentazione per nuove forme di interazione tra gli abitanti e i beni comuni urbani. *8 ½*, teatro mobile realizzato con assi di legno e fusti di birra che diventano corpi illuminanti, ha vinto l'edizione 2014 di YAP - Young Architects Program, indetto dal MAXXI e dal MoMA PS1.

Orizzontale, MAXXI, Roma, 2014. Foto © Musacchio Ianniello, Courtesy Fondazione MAXXI

Orizzontale in collaborazione con: ADLM Architetti, NOEO, Rub Kandy, Mara Zamuner, Alessandro Imbriaco, Alessandro Vitali, Nicola Barbuto. PROSSIMA APERTURA. Un nuovo modello di rigenerazione urbana, Aprilia 2019-2021. Foto Nicola Barbuto

MARIA TERESA PARPAGLIOLO

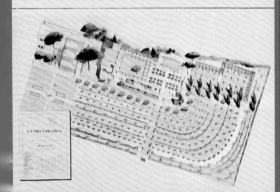

First Women

Rome, Italy, 1903–1974

As self-taught botanist with a training experience in England, Parpagliolo based her production on these qualifications becoming a true pioneer of landscape architecture in Italy, where she made a name for herself alongside more famous colleagues such as De Vico and Porcinai, with whom she worked on the EUR Park in 1939. Between 1930 and 1938, she wrote the *Giardino fiorito* column for *Domus*. Immediately after the war, she and Elena Luzzatto Valentini won the competition for the French Military Cemetery in Rome.

Maria Teresa Parpagliolo, 1928. Courtesy Sonja Dümpelmann

Pianta di giardino, *Domus*, no. 62, February 1933. Courtesy Archivio Domus © Editoriale Domus S.p.A

Prime donne

Roma, Italia, 1903-1974

Forte di un'esperienza formativa in Inghilterra e di una conoscenza da autodidatta di specie botaniche, Parpagliolo riconosce in questi elementi gli strumenti dei suoi progetti, diventando una vera e propria pioniera dell'architettura del paesaggio in Italia, in cui si ritaglia uno spazio accanto a più noti colleghi come De Vico e Porcinai con i quali nel 1939 lavora al Parco dell'EUR. Tra il 1930 e il 1938, tiene per «Domus» la rubrica fissa *Giardino fiorito*. Nell'immediato dopoguerra vince, con Elena Luzzatto Valentini, il concorso per il Cimitero militare francese a Roma.

Maria Teresa Parpagliolo, 1928. Courtesy Sonja Dümpelmann

Pianta di giardino, «Domus», 62, febbraio 1933. Courtesy Archivio Domus © Editoriale Domus S.p.A

PART W COLLECTIVE

Voices

Founded by Zoë Berman, 2018

Part W is an action group challenging systems that disadvantage women and calling for gender mainstreaming in the built environment. The group uses social media actions, events and participatory activism to draw wide attention to the fact that the work of female designers is hugely overlooked. The group's first public action pointed out the fact that international architectural awards have through history consistently been awarded to men. This action has led to *The Alternative List*, a compendium of some of the many outstanding women who have been neglected over the course of architectural history.

Part W Collective, from left to right: architects Yẹmí Àlàdérun, Zoë Berman, Alice Brownfield. Photo © Morley von Sternberg, Courtesy Part W Collective
The Alternative List. Courtesy Part W Collective

Voci

Fondato da Zoë Berman, 2018

Part W è un collettivo che mette in discussione i meccanismi che penalizzano le donne e che chiede l'integrazione di genere nell'ambiente costruito. Il gruppo promuove azioni sui social, eventi e attivismo partecipativo per evidenziare il fatto che il lavoro di molte donne progettiste è largamente trascurato. La prima azione pubblica del collettivo mette in luce come i premi internazionali di architettura siano stati assegnati, nel corso della storia, solamente a uomini. Viene così creato *The Alternative List*, un compendio che comprende i nomi di alcune delle tante donne notevoli trascurate dalla storia dell'architettura.

Part W Collective, da sinistra a destra, le architette Yẹmí Àlàdérun, Zoë Berman, Alice Brownfield. Foto © Morley von Sternberg, Courtesy Part W Collective
The Alternative List. Courtesy Part W Collective

PIA PASCALINO

Traces

Rome, Italy, 1946

Pia Pascalino started her training in the Corso Vittorio and Atrio Testaccio studios in her early university years and graduated in architecture in Rome in 1974. But the most important part of her research activity took place at Studio Labirinto, a working group established between 1969 and 1970 whose design and experimentation activities are carried out in a permanently creative environment. Within the group, architectural experiments are carried out using original methods, including installations, as well as projects and drawings.

Studio Labirinto during the realisation of the *Studio Labirinto a Londra* exhibition (from left: Paolo Martellotti, an unidentified person, Antonio Pernici, Paola D'Ercole, Giuseppe Marinelli, Peter Cook and Pia Pascalino), London, Art Net Gallery, 1976

Project for Intercapedine estate, 1977, perspective view. Collezione MAXXI Architettura, Fondo Studio Labirinto. Photo Giorgio Benni, Courtesy Fondazione MAXXI

Tracce

Roma, Italia, 1946

Si forma, fin dai primi anni universitari, negli studi di Corso Vittorio e Atrio Testaccio e nel 1974 si laurea in architettura a Roma. La parte fondativa del suo lavoro di ricerca si compie però soprattutto all'interno dello Studio Labirinto, gruppo di lavoro formato fra il 1969 e il 1970, la cui attività di disegno e sperimentazione si svolge in un clima di permanente attività creativa. Nel gruppo, oltre al progetto e al disegno, la sperimentazione sul linguaggio architettonico è affrontata con metodi originali tra i quali numerose installazioni.

Studio Labirinto durante la realizzazione della mostra *Studio Labirinto a Londra* (da sinistra: Paolo Martellotti, una persona non identificata, Antonio Pernici, Paola D'Ercole, Giuseppe Marinelli, Peter Cook e Pia Pascalino), Londra, Galleria Art Net, 1976

Progetto di residenza Intercapedine, 1977, vista prospettica. Collezione MAXXI Architettura, Fondo Studio Labirinto. Foto Giorgio Benni, Courtesy Fondazione MAXXI

CHARLOTTE PERRIAND

Staging

Paris, France, 1903–1999

The career of Charlotte Perriand—a resourceful, talented young woman who was unquestionably modern in her approach to life as well as to design—was marked by her great debut as Le Corbusier's associate designer for interiors and furniture—a position she held for ten years, thus giving life to authentic iconic designs such as the famous chaise-longue. The many years she spent in the Far East led her to rethink a number of projects using local materials and techniques of which she was a great expert.

Charlotte Perriand with artisans in Japan, 1940
Bamboo chaise longue, 1940. Photo P. Perriand Barsac
Courtesy Archives Charlotte Perriand, Paris, © ACHP 2021

Mise en scène

Parigi, Francia, 1903-1999

La carriera di Charlotte Perriand – giovane intraprendente, talentuosa e indiscutibilmente moderna nel suo stesso approccio alla vita oltre che al progetto – è segnata da un debutto sfolgorante quale collaboratrice associata di Le Corbusier per l'elaborazione di progetti di interni e il disegno di arredi, un ruolo che riveste per dieci anni dando vita a vere e proprie icone del design come la celebre chaise-longue. I molti anni poi trascorsi in Estremo Oriente la inducono a ripensare alcuni progetti con materiali e tecniche locali, di cui è una grande conoscitrice.

Charlotte Perriand con artigiani in Giappone, 1940
Chaise longue in bambù, 1940. Foto P. Perriand Barsac
Courtesy Archives Charlotte Perriand, Paris, © ACHP 2021

CARME PINÓS

The City of Women

Barcelona, Spain, 1954

After graduating in Barcelona first in architecture and then in urban planning, Pinós started her life and professional partnership with Enric Miralles, with whom she designed some of the cult projects of Barcelona's *Age d'Or* in the 1980s. After closing her partnership with Miralles, Pinós went on to pursue a remarkable professional career of her own, with projects often focusing on an intermediate area between landscape and public space. On display are her new back facade of the historic Boqueria market in Barcelona and the remodeling of the square.

Carme Pinós, Barcelona, 2015. Photo © Miquel Tres, Courtesy Estudio Carme Pinós

View of the square and extension of the back façade of La Boqueria Market, Barcelona, 2007–2015. © elZinc, Courtesy Estudio Carme Pinós

La città delle donne

Barcellona, Spagna, 1954

Dopo essersi laureata a Barcellona prima in architettura e poi in urbanistica, Pinós forma un sodalizio di vita e professionale con Enric Miralles, insieme al quale firma alcuni dei progetti-culto dell'*age d'or* barcellonese degli anni ottanta. Chiusa la partnership con Miralles, Pinós continua da sola un percorso professionale di altissima qualità, con progetti spesso focalizzati su un'area intermedia tra paesaggio e spazio pubblico. In mostra la realizzazione del fronte sul retro dello storico mercato della Boqueria a Barcellona con la sistemazione della piazza antistante.

Carme Pinós, Barcellona, 2015. Foto © Miquel Tres, Courtesy Estudio Carme Pinós

Veduta della piazza e della facciata posteriore del Mercato La Boqueria, Barcellona, 2007-2015. © elZinc, Courtesy Estudio Carme Pinós

CLARA PORSET

Clara Porset, c. 1952. Photo © Elizabeth Timberman, Courtesy Archives of American Art, Smithsonian Institution, Esther McCoy Papers

Staging

Matanzas, Cuba, 1895 – Mexico City, Mexico, 1981

Being the visionary she was, Porset argued that contemporary design roots in tradition and take into account both craftsmanship and industry, with the conviction that one could inspire the other. Her European and American upbringing brought her to this approach, as well as the years she spent studying the folklore heritage of Mexico, where she moved after she escaped from Cuba. The furniture she designed for the industrial production and modern architects echoes the lesson of her friends Josef and Anni Albers.

Clara Porset, c. 1952. Photo © Elizabeth Timberman, Courtesy Archives of American Art, Smithsonian Institution, Esther McCoy Papers

Xavier Guerrero and Clara Porset, entry panel for MoMA International Competition for Low-Cost Furniture Design, c. 1950. © 2021 The Museum of Modern Art, New York/Scala, Florence

Mise en scène

Matanzas, Cuba, 1895 - Città del Messico, Messico, 1981

Con visionarietà, Porset sostiene che il design contemporaneo debba essere radicato nella tradizione guardando all'artigianato e all'industria, nella convinzione che l'uno possa ispirare l'altra. Un approccio che deriva dalla sua educazione in Europa e negli Stati Uniti, come dai suoi anni di ricerca sull'eredità folcloristica del Messico, dove vive dopo la fuga da Cuba. Nei mobili disegnati per la produzione industriale e per architetti moderni echeggia la lezione degli amici Josef e Anni Albers.

Clara Porset, 1952 circa. Foto © Elizabeth Timberman, Courtesy Archives of American Art, Smithsonian Institution, Esther McCoy Papers

Xavier Guerrero e Clara Porset, pannello presentato al MoMA per il Concorso Internazionale per mobili di design a basso costo, 1950 circa. © 2021 The Museum of Modern Art, New York/Scala, Firenze

ELEANOR RAYMOND

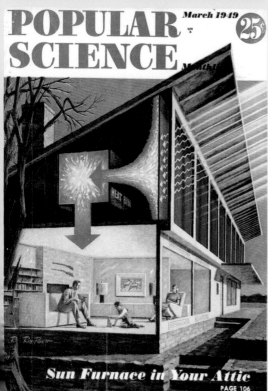

Voices

Cambridge, USA, 1887 – Boston, USA, 1989

Inspired by her travels in Europe and eager to learn more about architecture, in 1917 Raymond enrolled in the recently founded Cambridge School of Architecture and Landscape Architecture. She soon embraced modern architecture, developing her own style by drawing upon basic principles of proportion and form learned at school and upon early American architecture. In 1928 she founded her own architectural firm in Boston. Raymond also explored the use of new materials and technology; in 1948 with Maria Telkes, she designed one of the first solar-heated houses, the Dover Sun House.

Maria Telkes and Eleanor Raymond at Dover Sun House, Dover, Massachusetts (USA), 1948. Courtesy of the Frances Loeb Library, Harvard University Graduate School of Design

Popular Science, no. 24, March 1949

Voci

Cambridge, Stati Uniti, 1887 - Boston, Stati Uniti, 1989

Ispirata dai suoi viaggi in Europa e desiderosa di approfondire le sue conoscenze, Raymond si iscrive, nel 1917, alla Cambridge School of Architecture and Landscape Architecture. Abbraccia presto l'architettura moderna, sviluppando uno stile personale che attinge dai principi di proporzione e forma appresi a scuola e dall'architettura americana degli albori. Nel 1928 fonda il proprio studio a Boston. Raymond sperimenta l'uso di nuovi materiali e nuove tecnologie; nel 1948 realizza, con Maria Telkes, la Dover Sun House, una delle prime case con riscaldamento solare.

Maria Telkes e Eleanor Raymond presso la Dover Sun House, Dover, Massachusetts (Stati Uniti), 1948. Courtesy of the Frances Loeb Library, Harvard University Graduate School of Design

«Popular Science», 24, marzo 1949

LILLY REICH

Staging

Berlin, Germany, 1885–1947

Lilly Reich was a driving, though long unacknowledged, force behind many of the most significant architectural and design projects that were carried out in Germany during the early twentieth century. Reich was the first woman to join the board of the Deutscher Werkbund and to later teach at the Bauhaus directed by Mies van der Rohe, with whom she developed many furnishing and installation projects—often attributed to the master alone—, while also pursuing her own career as a designer and entrepreneur.

Lilly Reich, Berlin, 1933. © Ernst Louis Beck, Courtesy Bauhaus-Archiv Berlin

Lilly Reich and Mies van der Rohe, view of Café Samt und Siede, Berlin 1927. © 2021 The Museum of Modern Art, New York/Scala, Florence

Mise en scène

Berlino, Germania, 1885-1947

È una protagonista indiscussa, per quanto a lungo poco riconosciuta, di molte delle più significative esperienze che hanno animato la storia del progetto di architettura e di design nella Germania dei primi decenni del Novecento. Reich è stata, infatti, la prima donna a entrare nel direttivo del Deutscher Werkbund, poi docente del Bauhaus diretto da Mies van der Rohe, con il quale ha condiviso diversi progetti di arredi e allestimenti, spesso attribuiti al solo maestro, pur portando sempre avanti la propria carriera di designer e imprenditrice.

Lilly Reich, Berlino, 1933. © Ernst Louis Beck, Courtesy Bauhaus-Archiv Berlin

Lilly Reich e Mies van der Rohe, veduta del Café Samt und Siede, Berlino, 1927. © 2021 The Museum of Modern Art, New York/Scala, Firenze

FLORA RUCHAT-RONCATI

Nomadisms

Mendrisio, Switzerland, 1937 – Zurich, Switzerland, 2012

Innovative designer Flora Ruchat-Roncati was the first woman to become a full professor at ETH Zurich. Equally involved in Italian and Swiss architectural culture, she was constantly willing to cross boundaries, whether physical—such as those of the Gotthard pass between Zurich and Italy—, theoretical—as part of the alignment of architecture with infrastructure engineering and environmental and landscape design—, or professional—as a woman who established herself both inside and outside academic circles.

Flora Ruchat Roncati, 1980s. Balerna, Archivio del Moderno, Fondo Flora Ruchat-Roncati

Flora Ruchat-Roncati and Renato Salvi, Highway N16 Transjurane, ventilation plant and tunnel portal Terri Nord, Canton Giura, late 1990s. Balerna, Archivio del Moderno, Fondo Flora Ruchat-Roncati. © Heinrich Helfenstein, gta Archiv / ETH Zürich

Nomadismi

Mendrisio, Svizzera, 1937 - Zurigo, Svizzera, 2012

Progettista innovativa, è stata anche la prima donna a ricoprire il ruolo di professore ordinario presso il Politecnico di Zurigo. Ugualmente partecipe della cultura architettonica italiana e svizzera, è stata costantemente incline a varcare i confini: fisici, quelli del Gottardo per muoversi tra Zurigo e l'Italia; quelli della disciplina architettonica, accordandola al mondo dell'ingegneria infrastrutturale e del progetto ambientale e paesaggistico; infine, professionali, come donna che ha affermato il proprio ruolo fuori e dentro le aule universitarie.

Flora Ruchat Roncati, anni ottanta. Balerna, Archivio del Moderno, Fondo Flora Ruchat-Roncati

Flora Ruchat-Roncati e Renato Salvi, Autostrada N16 Transjurane, centrale di ventilazione e portale Terri Nord, Canton Giura, fine anni novanta. Balerna, Archivio del Moderno, Fondo Flora Ruchat-Roncati. © Heinrich Helfenstein, gta Archiv / ETH Zürich

PAOLA SALMONI

Traces

Ravenna, Italy, 1921 – Ancona, Italy, 2003

Born into a Jewish family, Paola Salmoni
was allowed to enroll at the public University
only in 1945 due to the racial laws. In 1951
she was the first woman to register in the
professional Order of Ancona and to open a
studio in the Marche region with her brother
Claudio. The Salmoni firm rapidly became an
important point of reference in the city, also
thanks to collaborations with Quaroni, Zevi,
De Carlo and Astengo. Her production ranged
from private to public housing, from schools
to hospitals and industrial buildings, to urban
renovation. She was actively involved in the
movement for women's emancipation and a
representative of Italian Jewish culture.

Paola Salmoni, Ancona, 1985. Courtesy ARCHISAL
Studio Salmoni Architetti Associati

Restoration and valorization of the old Jewish Cemetery
in Ancona, 2006. Photo © Andrea Jemolo

Tracce

Ravenna, Italia, 1921 - Ancona, Italia, 2003

Di famiglia ebraica, a causa delle leggi razziali
Paola Salmoni può accedere all'università
pubblica solo nel 1945. Nel 1951 è la prima
donna a iscriversi all'Ordine professionale di
Ancona e ad aprire uno studio nelle Marche
assieme al fratello Claudio. Lo Studio Salmoni
diventa rapidamente un riferimento importante
per la città, anche grazie alle collaborazioni
frequenti con Quaroni, Zevi, De Carlo e
Astengo. Le sue opere spaziano dalla residenza
privata a quella pubblica, dagli edifici scolastici
a quelli per la sanità e l'industria, al recupero
urbano. È stata una protagonista della battaglia
per l'emancipazione femminile e una testimone
della cultura ebraica italiana.

Paola Salmoni, Ancona, 1985. Courtesy ARCHISAL
Studio Salmoni Architetti Associati

Restauro e valorizzazione dell'antico cimitero ebraico
di Ancona, 2006. Foto © Andrea Jemolo

MARGARETE SCHÜTTE-LIHOTZKY

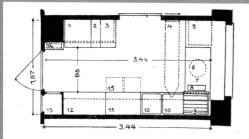

Grundriß Normalküche rechts ohne Haushaltshilfe für Stockwerkswohnungen

1 Herd	7 Tisch	13 Müll- und Besenschrank
2 Abstellplatte	8 Abfalleinwurf	14 Heizkörper
3 Kochkiste	9 Abtropfbrett	15 herausziehbare Abstellplatten
4 klappbares Plättbrett	10 Spülbecken	16 verglaster Geschirrschrank
5 Speiseschrank	11 Vorratsschubladen	17 Tellergestell
6 Drehstuhl	12 Topfschrank	18 Müll und Besenschrank

Staging

Vienna, Austria, 1897–2000

As the first Austrian woman to work as an architect, Margarete Schütte-Lihotzky spent her entire and very long career working to improve the status of women through architecture. Basing her research on the principles of factory work optimization she analyzed the activities of housewives inside traditional kitchens highlighting the amount of time and energy that was wasted in this environment. This led to the creation of the famous Frankfurt Kitchen, which marked the beginning of her contribution to the renewal of the architectural features of homes, neighborhoods and cities.

Margarete Schütte-Lihotzky, c. 1935.
Frankfurt Kitchen, 1926–1927
Courtesy Austrian Archives / Imagno / picturedesk.com

Mise en scène

Vienna, Austria, 1897-2000

Prima donna austriaca a svolgere l'attività di architetto, per tutta la sua lunghissima esistenza si dedica al miglioramento della condizione delle donne attraverso l'architettura. Applicando i criteri di ottimizzazione del lavoro in fabbrica, analizza l'attività delle casalinghe all'interno delle cucine tradizionali, rilevandone lo spreco di tempo e di energie. Ne deriva la celebre cucina di Francoforte, da cui ha inizio tutto il suo contributo al rinnovamento della tipologia architettonica dell'abitazione, del quartiere, della città.

Margarete Schütte-Lihotzky, 1935 circa
Frankfurt Kitchen, 1926-1927
Courtesy Austrian Archives / Imagno / picturedesk.com

DENISE SCOTT BROWN

Voices

Nkana, Northern Rhodesia, 1931

Partner in life and work of Robert Venturi, Scott Brown represents the more urban and social side of the couple from Philadelphia. Interested in landscapes, fluxes and relational dynamics interactions we cannot but think of her when we read the seminal *Learning from Las Vegas*. In 1991 the Pritzker Prize was assigned only to Venturi but the scandal led to a late response: a petition to include her in the prize was launched in 2013. Denise Scott Brown continues to promulgate her ideas on architecture through her writings, exhibitions, consultancies and collaborations.

Denise Scott Brown, 2005. Photo Frank Hanswijk, Courtesy Venturi Scott Brown and Associates

Las Vegas Style, 1966. Photo © Robert Venturi, Courtesy Venturi Scott Brown and Associates

Voci

Nkana, Rhodesia del Nord, 1931

Compagna di vita e di lavoro di Robert Venturi, Scott Brown rappresenta il lato più urbano e sociale della coppia di Philadelphia. Interessata all'interazione tra paesaggi, flussi e dinamiche relazionali, è a lei che pensiamo quando leggiamo l'indimenticabile *Learning from Las Vegas*. Nel 1991 il Pritzker Prize viene assegnato solo a Venturi ma lo scandalo genera poi una risposta, seppur tardiva: la petizione per includerla nel premio viene lanciata nel 2013. Denise Scott Brown continua ancora oggi a promuovere le proprie idee sull'architettura attraverso scritti, esposizioni, consulenze e collaborazioni.

Denise Scott Brown, 2005. Foto Frank Hanswijk, Courtesy Venturi Scott Brown and Associates

Las Vegas Style, 1966. Foto © Robert Venturi, Courtesy Venturi Scott Brown and Associates

ALISON SMITHSON

Couplings

Sheffield, UK, 1928 – London, UK, 1993

She founded her studio together with her husband Peter in 1950. The rigorous residential projects of their first years of activity quickly earned them the label of standard bearers of New Brutalism. Her most important contribution lies in her critique of urban functionalism and her participation in a number of cultural projects—including *Team X* and the legendary *This is Tomorrow*—that laid the foundations for the pop(ular) evolution of artistic and architectural culture in the 1960s.

Alison and Peter Smithson. The Alison and Peter Smithson Archive, Folder G060. Gift of Smithson Family, 2003. Courtesy of the Frances Loeb Library, Harvard University Graduate School of Design.

Patio and pavilion sketch for the exhibition *This is Tomorrow*, (London, Whitechapel Art Gallery, 1956) in *This is Tomorrow* (London: Whitechapel Art Gallery 1956)

Duetti

Sheffield, Regno Unito, 1928 - Londra, Regno Unito, 1993

Fonda il suo studio insieme al marito Peter nel 1950. Con i progetti residenziali dei primi anni di attività si guadagnano l'etichetta di alfieri del New Brutalism. Il contributo più rilevante è nel campo della critica al funzionalismo urbanistico e nella partecipazione ad alcuni progetti culturali – tra cui il *Team X* e la mitica *This is Tomorrow* – che hanno gettato le basi per l'evoluzione in senso pop(olare) della cultura artistica e architettonica negli anni sessanta.

Alison e Peter Smithson. The Alison and Peter Smithson Archive, Cartella G060. Dono della famiglia Smithson, 2003. Courtesy of the Frances Loeb Library, Harvard University Graduate School of Design.

Schizzo di patio e padiglione per *This is tomorrow* (Londra, Whitechapel Art Gallery, 1956), in *This is Tomorrow*, London, Whitechapel Art Gallery, 1956. Foto Giorgio Benni, Courtesy Fondazione MAXXI

LOTTE STAM-BEESE

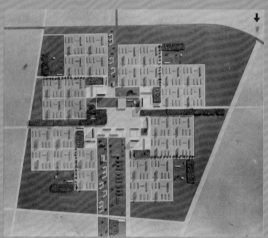

The City of Women

Reisicht, Germany, 1903 – Krimpen aan den IJssel, Netherlands, 1988

Lotte Stam-Beese studied at the Bauhaus from 1926 to 1928. After specializing in urban planning, she worked on the reconstruction of Rotterdam after the Second World War by designing, among other things, the Pendrecht, one of the southern districts of the city, which is connected to the center by a logical, progressive sequence of settlement categories ranging from houses, to groups, and neighborhoods, each seamlessly transitioning into one another to achieve maximum social diversity and physical cohesion.

Lotte Beese and Helmut Schulze at the tracing table, c. 1928. Courtesy Bauhaus-Archiv Berlin

Pendrecht district urban design Rotterdam, 1949–1953. Photo © J.A. Vrijhof, Nederlands Fotomuseum, Courtesy Collection Het Nieuwe Instituut / STAB

La città delle donne

Reisicht, Germania, 1903 - Krimpen aan den IJssel, Paesi Bassi, 1988

Studia al Bauhaus dal 1926 al 1928. Specializzatasi poi in pianificazione urbana, si occupa della ricostruzione di Rotterdam dopo la Seconda guerra mondiale realizzando, tra l'altro, il quartiere di Pendrecht, uno dei distretti meridionali, ancorato alla città da una sequenza logica progressiva di categorie insediative, dall'abitazione, al gruppo, al quartiere, passando dall'una all'altra senza soluzione di continuità in funzione della massima diversificazione sociale e coesione fisica.

Lotte Beese e Helmut Schulze al tavolo da disegno, 1928 circa. Courtesy Bauhaus-Archiv Berlin

Piano urbano del quartiere Pendrecht, Rotterdam, 1949-1953. Foto © J.A. Vrijhof, Nederlands Fotomuseum, Courtesy Collection Het Nieuwe Instituut / STAB

LUCY STYLES

Nomadisms

London, UK, 1984

Early on in her career Lucy Styles, British architect and daughter of an Italian mother, joined SANAA with which she still currently collaborates on European projects. In 2016, Styles also embarked on an independent career that has led her to produce set-ups and installations for important institutions such as the Barbican and MAXXI. In 2020 for YAP Rome at MAXXI she designed the *Home Sweet Home* installation—as featured in the exhibition—which won her the Italian Architecture Prize Award (young architects).

Lucy Styles. Photo © Musacchio, Ianniello & Pasqualini, Courtesy Fondazione MAXXI

Valentina Vannicola, *Home Sweet Home*, 2020 giclée on Fine Art Hahnemühle. Photo Rag Satin paper, ed. 1/5. Collezione Fotografia MAXXI Architettura

Nomadismi

Londra, Regno Unito, 1984

Inglese di madre italiana, dopo la formazione londinese, Lucy Styles si è presto inserita nello studio SANAA, col quale collabora tuttora per i progetti europei. Dal 2016 Styles ha intrapreso anche una carriera indipendente che l'ha portata a realizzare allestimenti e installazioni presso istituzioni importanti come il Barbican e il MAXXI. Nel 2020 ha progettato per il YAP Rome at MAXXI l'installazione *Home Sweet Home*, esposta in mostra, che le è valsa il Premio Italiano di Architettura (categoria giovani).

Lucy Styles. Foto © Musacchio, Ianniello & Pasqualini, Courtesy Fondazione MAXXI

Valentina Vannicola, *Home Sweet Home*, 2020 stampa giclée su carta Fine Art Hahnemühle. Foto Rag Satin, ed. 1/5. Collezione Fotografia MAXXI Architettura

HELENA SYRKUS

Couplings

Warsaw, Poland, 1900–1982

Architect, urban planner and lecturer, Helena Syrkus actively participated in the organization of the International Congress on Modern Architecture (CIAM) since the first one in 1928, becoming its secretary in the 1930s and vice-president from 1945 to 1954.She shared this experience and her professional activity with her husband Szymon Syrkus. Within CIAM, she also participated in the drafting of the *Athens Charter*. After the war, she worked in the Warsaw Reconstruction Office; together with her husband, she designed various social housing projects for workers.

Helena Syrkus. Courtesy Archivio Nino Zucchelli, Gift Lina Zucchelli Valsecchi, 1999, Galleria d'Arte Moderna e Contemporanea di Bergamo

The construction of blocs of flats of the Warsaw Housing Cooperative in Kolo Wschod (East) district according to the design of Szymon and Helena Syrkus. PAP Warszawa, 1949. Courtesy PAP / Alamy Stock Photo

Duetti

Varsavia, Polonia, 1900-1982

Architetta, urbanista e docente, ha partecipato attivamente all'organizzazione dei CIAM, Congressi internazionali di architettura moderna fin dal primo nel 1928, diventandone poi segretaria negli anni trenta e vicepresidente dal 1945 al 1954. Condivide questa esperienza e l'attività professionale con il marito Szymon Syrkus. In seno ai CIAM partecipa, inoltre, alla redazione della *Carta d'Atene*. Dopo la guerra lavora presso l'Ufficio per la ricostruzione di Varsavia e insieme a suo marito progetta diversi interventi di edilizia popolare per i lavoratori.

Helena Syrkus. Courtesy Archivio Nino Zucchelli, Dono Lina Zucchelli Valsecchi, 1999, Galleria d'Arte Moderna e Contemporanea di Bergamo

Costruzione dei condomini della Cooperativa edilizia di Varsavia nel quartiere Kolo Wschod (Est) su progetto di Szymon e Helena Syrkus. PAP Varsavia, 1949. Courtesy PAP / Alamy Stock Photo

ELISABETTA TERRAGNI

Traces

Como, Italy, 1961

Elisabetta Terragni was born in Como, Italy. After having studied, worked and taught in Zurich, Canada and Germany, she currently works in Italy and the United States. Terragni is interested in an alternative approach to architecture, one that is often inspired by small, skillful interventions carried out within existing structures, which are often remnants of an obsolete, even wartime, infrastructural culture. Her work on the reuse of the submarine base in Porto Palermo, Albania, which is on display in the exhibition, is exemplary in this regard.

Elisabetta Terragni, Museo MAXXI, Rome, 2013.
Photo © Musacchio Ianniello, Courtesy Fondazione MAXXI

Project for the Gjiri i Panormes museum, Porto Palermo, Shqipëria, Albania, 2010, with Jeffrey Schnapp. Photomontage by Daniele Ledda, Courtesy Studio Terragni

Tracce

Como, Italia, 1961

Nata a Como, Elisabetta Terragni svolge la sua attività professionale e di ricerca tra l'Italia e gli Stati Uniti, dopo aver trascorso periodi di studio, lavoro e insegnamento a Zurigo, in Canada, in Germania. Terragni è interessata a un approccio alternativo all'architettura. I suoi interventi sono spesso generati da piccoli e sapienti gesti all'interno di strutture già esistenti, in molti casi resti di una cultura infrastrutturale desueta o addirittura della guerra. Il suo lavoro per il riuso della base dei sommergibili a Porto Palermo, in Albania, esposto nella mostra, è in questo senso esemplare.

Elisabetta Terragni, Museo MAXXI, Roma, 2013.
Foto © Musacchio Ianniello, Courtesy Fondazione MAXXI

Progetto del museo Gjiri i Panormes, Porto Palermo, Shqipëria, Albania, 2010, con Jeffrey Schnapp. Fotomontaggio di Daniele Ledda. Courtesy Studio Terragni

LAURA THERMES

Couplings

Rome, Italy, 1943

The partnership between Laura Thermes and Franco Purini is one of the longest in Italian architecture. The couple has been working together on joint research and projects for fifty years while also pursuing individual academic and professional projects. The Purini-Thermes studio has worked mainly on urban design themes, as can be seen in the 1966 drawings for *The Compact City*, which are so incredibly topical as to be reflected in the most recent proposal for a Chinese city, presented in two different versions developed from a shared reflection by Thermes and Purini.

Laura Thermes and Franco Purini, 1970
Drawings for the plan study for the urbanization of Ling Gang, 2010
Courtesy Studio Purini-Thermes

Duetti

Roma, Italia, 1943

Con Franco Purini costituisce una delle coppie più longeve dell'architettura italiana. Insieme hanno portato avanti per cinquant'anni ricerche e progetti comuni senza trascurare specifici percorsi personali in ambito accademico e professionale.
Lo studio Purini-Thermes ha lavorato prevalentemente sui temi del progetto urbano, come si legge nei disegni del 1966 per *La città compatta*. Il progetto così incredibilmente attuale che è stato declinato in una più recente proposta per una città cinese, in due differenti versioni a partire da un ragionamento a quattro mani da Thermes e Purini.

Laura Thermes e Franco Purini, 1970
Studi per l'urbanizzazione di Ling Gang, 2010
Courtesy Studio Purini-Thermes

SUSANA TORRE

Voices

Puan, Buenos Aires, Argentina, 1944

Architect, teacher and critic Susana Torre is the curator and editor of the game-changing exhibition and book *Women in American Architecture: A Historic and Contemporary Perspective* (1977). Torre's work encompasses building design, urban planning, exhibition design, teaching, lecturing and writing. Among her best-known designs is the Columbus, Indiana Fire Station 5, the first to establish a women-inclusive model. As a scholar, Torre's work on feminism and architecture, and the representation of collective memory has been supported by grants and fellowships from numerous institutions.

Susana Torre, c. 1979, *Avenue Magazine*, May 1979. Courtesy Susana Torre

Women in American Architecture: A Historic and Contemporary Perspective, exhibition view, The Brooklyn Museum, New York 1977. Photo Norman McGrath, Courtesy Susana Torre

Voci

Puan, Buenos Aires, Argentina, 1944

Architetta, docente e critica, Susana Torre è curatrice della rivoluzionaria mostra e della pubblicazione *Women in American Architecture. A Historic and Contemporary Perspective* (1977). Il suo lavoro comprende progettazione di edifici e di mostre, pianificazione urbana, docenze, conferenze e scritti. Tra i suoi progetti più noti vi è la Columbus, Indiana Fire Station 5, la prima impostata secondo un modello di inclusione femminile. I suoi lavori accademici su femminismo e architettura e la rappresentazione della memoria collettiva sono stati supportati da sovvenzioni di numerose istituzioni.

Susana Torre, 1979 circa, «Avenue Magazine», maggio 1979. Courtesy Susana Torre

Women in American Architecture: A Historic and Contemporary Perspective, veduta della mostra, New York, The Brooklyn Museum, 1977. Foto Norman McGrath, Courtesy Susana Torre

FRANCESCA TORZO

Traces

Padua, Italy, 1975

Torzo is yet another example of the predisposition of Italian women architects towards individual, alternative paths distant from those followed by their generation or in academic circles. After training at the IUAV, she chose to carry out her apprenticeship abroad (under Zumthor's professorship in Mendrisio) before opening her own studio in Genoa in 2008. From there, she made a name for herself by participating in international competitions and programs. One of these competitions led to the project for the Hasselt contemporary art center, which was on display in the exhibit and that won her the Italian Architecture Award in 2020.

Francesca Torzo, Genoa, 2020. Photo Liaohui Guo, Courtesy studio Francesca Torzo

Z33 House for Contemporary Art, Design and Architecture, Hasselt, 2019, colour print on silk. Photo © Gion Balthasar von Albertini, Courtesy Fondazione MAXXI, fondo Torzo

Tracce

Padova, Italia, 1975

Torzo è l'ennesimo esempio dell'inclinazione delle architette italiane verso percorsi individuali e diversi, lontani da gruppi generazionali o ambienti accademici. Dopo la formazione allo IUAV ha preferito condurre il suo apprendistato all'estero (con la cattedra di Zumthor, a Mendrisio) per poi aprire il suo studio a Genova nel 2008. Da lì si è fatta notare grazie soprattutto alla partecipazione a concorsi e programmi internazionali. Proprio da uno di questi concorsi nasce il progetto per il centro d'arte di arte contemporanea di Hasselt, che è stato esposto in mostra e con il quale ha vinto il Premio italiano di architettura nel 2020.

Francesca Torzo, Genova, 2020. Foto Liaohui Guo, Courtesy studio Francesca Torzo

Z33 House for Contemporary Art, Design and Architecture, Hasselt, 2019, stampa a colori su seta. Foto © Gion Balthasar von Albertini, Courtesy Fondazione MAXXI, fondo Torzo

EGLE RENATA TRINCANATO

Traces

Rome, Italy, 1910 – Mestre (Venice), Italy, 1998

Egle Renata Trincanato was the first woman to graduate in architecture in Venice in 1938. She was then appointed assistant to the chair of Elements of architecture and monument surveying. In 1948, she published the book *Venezia minore*, which received international acclaim for its analysis of the residential building fabric of the lagoon city from the fourteenth to the eighteenth century. Her studies also brought her to analyze new types of housing designed to solve the problems of contemporary cities.

Egle Renata Trincanato, setting up of the *Venezia Viva* exhibition, International Centre of Arts and Costume. Palazzo Grassi, Venezia, 1954. Courtesy Collezione Emiliano Balistreri

Venezia viva, installation view, *Trasformazione dell'800 e primo '900*, Palazzo Grassi, Venice, 1954. Courtesy Università Iuav di Venezia - Archivio Progetti, fondo Egle Renata Trincanato

Tracce

Roma, Italia, 1910 - Mestre (Venezia), Italia, 1998

Prima donna a laurearsi in architettura a Venezia nel 1938, viene subito nominata assistente della cattedra di Elementi di architettura e rilievo dei monumenti. Nel 1948 pubblica il volume *Venezia minore*, uno studio sul tessuto edilizio residenziale della città lagunare dal Trecento al Settecento che raggiunge un'eco internazionale. Contemporaneamente analizza le nuove tipologie abitative volte a risolvere i problemi della città contemporanea.

Egle Renata Trincanato, allestimento della mostra *Venezia Viva*, Centro Internazionale delle Arti e del Costume, Palazzo Grassi, Venezia, 1954. Courtesy Collezione Emiliano Balistreri

Venezia viva, veduta della mostra, sezione *Trasformazione dell'800 e primo '900*, Palazzo Grassi, Venezia, 1954. Courtesy Università Iuav di Venezia - Archivio Progetti, fondo Egle Renata Trincanato

ANNE GRISWOLD TYNG

Voices

Lushan, Jiangxi, China, 1920 – Greenbrae, USA, 2011

Born in China, Tyng moved to the United States in 1938 to study fine arts and architecture. She worked closely with Louis I. Kahn and she devoted her career to achieving a synthesis of geometric order and human consciousness within architecture. Tyng gained early recognition for her *Tyng Toy*, a kit of wooden puzzle-like pieces with which children could build furniture and other things. In 1988 she wrote *From Muse to Heroine: Toward a Visible Creative Identity*, a study of the development of female creative roles within architecture.

Anne Griswold Tyng, 1947. Anne Griswold Tyng Collection, The Architectural Archives, University of Pennsylvania

Anne Griswold Tyng, Louis I. Kahn, *City Tower*, Louis I. Kahn Collection, University of Pennsylvania and Pennsylvania Historical and Museum Commission

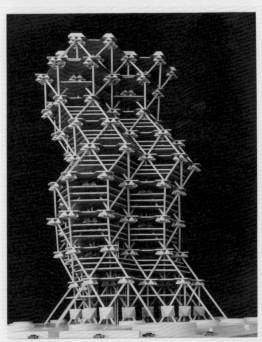

Voci

Lushan, Jiangxi, Cina, 1920 - Greenbrae, Stati Uniti, 2011

Nata in Cina, Tyng si trasferisce negli Stati Uniti nel 1938 per studiare belle arti e architettura. Lavora a stretto contatto con Louis I. Kahn e dedica la sua carriera al raggiungimento di una sintesi tra ordine geometrico e coscienza umana in architettura. Tyng acquisisce presto notorietà per il suo *Tyng Toy*, un kit di elementi in legno a incastro con cui i bambini possono costruire arredi e altri oggetti. Nel 1988 scrive *From Muse to Heroine. Toward a Visible Creative Identity*, uno studio sullo sviluppo dei ruoli creativi delle donne in architettura.

Anne Griswold Tyng, 1947. Anne Griswold Tyng Collection, The Architectural Archives, University of Pennsylvania

Anne Griswold Tyng, Louis I. Kahn, *City Tower*, Louis I. Kahn Collection, University of Pennsylvania and Pennsylvania Historical and Museum Commission

JAQUELINE TYRWHITT

Nomadisms

Pretoria, South Africa, 1905 – Paiania, Greece, 1983

As a professional with great organizational skills, Jaqueline Tyrwhitt was secretary and coordinator of MARS and CIAM since 1941 and for six editions. Her diplomatic and communicative skills led her to begin a permanent collaboration with the United Nations in 1953, when she was asked to organize and direct a seminar on social housing in India, and then to expand her experience in other missions in Africa and Asia. She contributed to the export of European models to the United States by illustrating strategies for modern urban planning related to post-war reconstruction.

Jaqueline Tyrwhitt, Portrait from identity card issued by Indian government, 1953. Courtesy RIBA Collection

Jaqueline Tyrwhitt (ed.), *Patrick Geddes in India*, London: Lund Humphries, 1947. Photo Giorgio Benni, Courtesy Fondazione MAXXI

Nomadismi

Pretoria, Sudafrica, 1905 - Peania, Grecia, 1983

Professionista dalla grande capacità organizzativa, svolge dal 1941 per sei edizioni il ruolo di segretaria e coordinatrice del gruppo MARS e dei CIAM. Diplomatica e comunicativa, inizia nel 1953 una collaborazione stabile con le Nazioni Unite, chiamata a organizzare e dirigere un seminario sul *social housing* in India, per poi moltiplicare le sue esperienze in altre missioni in Africa e Asia. Contribuisce all'esportazione di modelli europei negli Stati Uniti, illustrando le strategie per una pianificazione urbana moderna connessa alla ricostruzione postbellica.

Jaqueline Tyrwhitt, ritratto della carta d'identità rilasciata dal governo indiano, 1953. Courtesy RIBA Collection

Patrick Geddes in India, a cura di J. Tyrwhitt, London, Lund Humphries, 1947. Foto Giorgio Benni, Courtesy Fondazione MAXXI

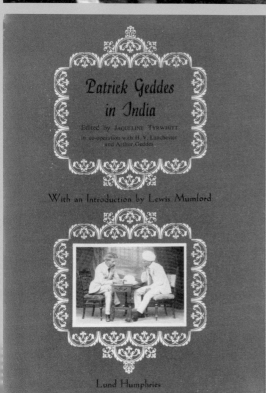

PAOLA VIGANÒ

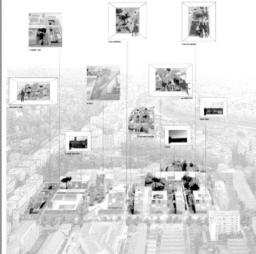

The City of Women

Sondrio, Italy, 1961

Paola Viganò is an Italian architect and urban planner active in many European countries. She studied at IUAV and founded the Studio project with Bernardo Secchi in 1990. She has contributed to redefining the connections between architecture and urbanism, first with Secchi and then on her own. She is responsible for important urban plans, such as those for Grand Paris and the central area of Brest (France), and important architectural projects, such as the public spaces in Antwerp and the residential project in Via Guido Reni in Rome featured in this exhibition.

Paola Viganò, Rennes, 2018. © Fabrizio Stipari, Courtesy Studio Paola Viganò

International competition Progetto Flaminio, Rome, 2015– in progress. Courtesy Studio Paola Viganò

La città delle donne

Sondrio, Italia, 1961

Architetta e urbanista italiana, è attiva in molti paesi d'Europa. Formatasi allo IUAV, ha fondato con Bernardo Secchi il progetto Studio nel 1990. Prima con Secchi, e poi da sola, ha contribuito a ridefinire le relazioni disciplinari tra architettura e urbanistica. È responsabile di piani urbanistici importanti, come nel caso del Grand Paris e dell'area centrale di Brest, in Francia, e di progetti architettonici di rilievo, come gli interventi sugli spazi pubblici ad Anversa e il progetto residenziale su via Guido Reni a Roma, esposto in questa mostra.

Paola Viganò, Rennes, 2018. © Fabrizio Stipari, Courtesy Studio Paola Viganò

Concorso internazionale Progetto Flaminio, Roma, 2015- in corso. Courtesy Studio Paola Viganò

NANDA VIGO

Traces

Milan, Italy, 1936–2020

Interested in art since she was a child, when she had the opportunity to frequent Filippo de Pisis and to observe to Giuseppe Terragni's architecture, Nanda Vigo graduated from the Institut Polytechnique in Lausanne and then opened her own studio in Milan in 1959. From that moment on, the essential theme of her art became the conflict/harmony between light and space, which she also explored in her architectural and design work. Over the course of her career, Vigo consistently combined art, design, architecture and environment.

Nanda Vigo, Portrait for the cover of *Domus*, 1984. Photo © Gabriele Basilico, Courtesy Archivio Nanda Vigo, Milano

ALCANTARA 2018 | *Arch-Archology*, MAXXI, Roma, 2018. Courtesy Fondazione MAXXI

Tracce

Milano, Italia, 1936-2020

Interessata all'arte sin da bambina – quando ha occasione di trascorrere del tempo in compagnia di Filippo de Pisis e di osservare le architetture di Giuseppe Terragni –, si laurea all'Institut Polytechnique di Losanna e apre nel 1959 il proprio studio a Milano. Da quel momento il tema essenziale della sua arte diventa il conflitto/armonia tra luce e spazio, che l'artista utilizza anche nel proprio lavoro di architetto e designer. Nella sua attività infatti Vigo ha sempre operato interdisciplinarmente tra arte, design, architettura e ambiente.

Nanda Vigo, Ritratto per la copertina di «Domus», 1984. Foto © Gabriele Basilico, Courtesy Archivio Nanda Vigo, Milano

ALCANTARA 2018 | *Arch-Archology*, Roma, MAXXI, 2018. Courtesy Fondazione MAXXI

LAURETTA VINCIARELLI

Nomadisms

Arbe, Italy, 1943 – New York, USA, 2011

Lauretta Vinciarelli is part of a small group of pioneers who left Italy attracted by the intellectual and scholarly life of 1970s New York, which revolved on the one hand around the Institute for Architecture and Urban Studies, and on the other around the artists of SoHo. Given her interest in both worlds, she spent her entire life dividing her time between teaching architecture and painting, the former being very urban, and the latter strongly influenced by her exchanges with Donald Judd and their shared passion for desert landscapes.

Lauretta Vinciarelli, Gubbio, 1994. Photo © Peter Rowe
Red Room, 3/3, 1990. Collezione MAXXI Architettura, Fondo Vinciarelli

Nomadismi

Arbe, Italia, 1943 - New York, Stati Uniti, 2011

Lauretta Vinciarelli fa parte di un piccolo gruppo di pioniere che lasciarono l'Italia attratte dalla vitalità intellettuale e accademica della New York anni settanta, che ruotava da un lato intorno all'Institute for Architecture and Urban Studies, dall'altro intorno agli artisti di SoHo. Interessata a entrambi questi mondi, si divide per tutta la vita tra l'insegnamento dell'architettura e la pratica della pittura, la prima molto urbana, la seconda decisamente influenzata dagli scambi con Donald Judd e dalla passione condivisa per i paesaggi desertici.

Lauretta Vinciarelli, Gubbio, 1994. Foto © Peter Rowe
Red Room, 3/3, 1990. Collezione MAXXI Architettura, Fondo Vinciarelli

SOFÍA VON ELLRICHSHAUSEN

Couplings

Bariloche, Argentina, 1976

Soon after graduating from the Universidad de Buenos Aires in 2002, Sofía von Ellrichshausen founded the Pezo von Ellrichshausen studio with Mauricio Pezo. Their work, that interconnects art and architecture, spans from public spaces to private houses. With great attention to the context, their numerous realizations are characterized by an essential but complex balance of forms, materials and light. The monolithic concrete prism of the Guna House, here exhibited, well exemplifies the intent of interfacing a complex topography with simple geometries.

Sofía von Ellrichshausen and Mauricio Pezo, Concepción, 2013. Photo © Ana Crovetto, Courtesy Pezo von Ellrichshausen

Pezo von Ellrichshausen, Casa Guna, Concepción, 2010–2014. Collezione MAXXI Architettura, Fondo Pezo von Ellrichshausen

Duetti

Bariloche, Argentina, 1976

Subito dopo la laurea all'Universidad de Buenos Aires nel 2002, Sofía von Ellrichshausen fonda, con Mauricio Pezo, lo studio Pezo von Ellrichshausen. Il loro lavoro, che intreccia arte e architettura, spazia da interventi nello spazio pubblico a residenze private. Con una grande attenzione al contesto, le loro numerose realizzazioni sono caratterizzate da un equilibrio essenziale e al tempo complesso di forme, materiali e luce. Il monolite di cemento della Guna House, qui in mostra, esemplifica bene l'intento di relazionarsi a una topografia articolata con geometrie semplici.

Sofía von Ellrichshausen e Mauricio Pezo, Concepción, 2013. Foto © Ana Crovetto, Courtesy Pezo von Ellrichshausen

Pezo von Ellrichshausen, Casa Guna, Concepción, 2010-2014. Collezione MAXXI Architettura, Fondo Pezo von Ellrichshausen

EMILY WARREN ROEBLING

Lady Managers

Cold Spring, USA, 1843 – Trenton, USA, 1903

At the Georgetown Academy of the Visitation she studied history, astronomy, French and algebra, in addition to housekeeping and needlework. Her husband, the civil engineer Washington A. Roebling, was the son of John A. Roebling, the German-American engineer who designed the Brooklyn Bridge. During the construction of the Bridge, Washington was bed-ridden due to the "caisson disease" that forced him to stay away from the site. That was when Emily Roebling took charge of all managing operations and completed the Bridge.

Emily Warren Roebling, Portrait in academic cap and gown for law school graduation, 1899. Courtesy Collection of the New-York Historical Society

View of the Brooklyn Bridge under construction, 1883. Courtesy AGF / World History Archive

Lady Managers

Cold Spring, Stati Uniti, 1843 - Trenton, Stati Uniti, 1903

Frequenta la Georgetown Academy of the Visitation, dove studia storia, astronomia, francese e algebra, oltre a economia domestica e cucito. Suo marito, l'ingegnere civile Washington A. Roebling, è il figlio di John A. Roebling, l'ingegnere tedesco-americano che ha progettato il ponte di Brooklyn. Durante la sua costruzione, Washington è costretto dalla "malattia da decompressione" a stare lontano dal cantiere. È a questo punto che Emily Roebling prende in carico tutte le operazioni organizzative rendendo possibile il completamento dell'opera.

Emily Warren Roebling, Ritratto con cappello e toga accademica per la laurea in giurisprudenza, 1899. Courtesy Collection of the New-York Historical Society

Veduta del ponte di Brooklyn in costruzione, 1883. Courtesy AGF / World History Archive

BEVERLY WILLIS

Voices

Tulsa, USA, 1928

Born in the Midwestern countryside, by 1966 Willis was a licensed architect and the only woman in San Francisco with her own firm. By spending time with developers, businessmen and political figures she soon engaged in architecture and planning politics. Believing that architecture may be guided by a universal set of principles, Willis, together with Eric Tiescholz and Jochen Eigen, developed CARLA (Computerized Approach to Residential Land Analysis), a software to interface a variety of manually created planning unit concepts.

Beverly Willis at a construction site, San Francisco, California, 1982. Courtesy of the Beverly A. Willis Archive. Willis and Associates, Beverly Willis project architect

Pacific Point Condominiums overlooking the Pacific Ocean, is the first application of the CARLA technology, Pacifica, California, 1974. Photo Joshua Freiwald

Voci

Tulsa, Stati Uniti, 1928

Willis, proveniente dalla zona rurale del Midwest, è nel 1966 l'unica architetta laureata di San Francisco titolare di un proprio studio. Trascorrendo tempo con imprenditori, uomini d'affari e politici, si impegna presto nelle politiche dell'architettura e della pianificazione. La convinzione che un insieme di principi universali possa guidare l'architettura porta Willis a sviluppare, con Eric Tiescholz e Jochen Eigen, CARLA (Computerized Approach to Residential Land Analysis), un software in grado di interconnettere una moltitudine di unità progettuali create manualmente.

Beverly Willis in un cantiere, San Francisco, California, 1982. Courtesy of the Beverly A. Willis Archive. Willis and Associates, Beverly Willis project architect

I Pacific Point Condominiums, affacciati sull'Oceano Pacifico, sono la prima applicazione della tecnologia CARLA, Pacifica, California, 1974. Foto Joshua Freiwald

ZENAIDE ZANINI

Traces

Rome, Italy, 1926–2010

Zenaide Zanini met engineer Sergio Musmeci, with whom she would later share her private and professional life, at Riccardo Morandi's office. Being the strong, confident woman she was, Zenaide Zanini managed the activities and the staff of the studio while her husband focused on research and projects; however, she did not neglect her professional activity, as evidenced by the project for the bridge over Appia Antica, which was studied and designed by Musmeci and saw Zanini act as Artistic Director while studying the musealization of the archaeological area below.

Zenaide Zanini, Rome, 1950s. Courtesy Archivio personale eredi Musmeci

Bridge over the Appia Antica, Rome, 1980, with Sergio Musmeci and Arrigo Carè. Collezione MAXXI Architettura, Fondo Musmeci

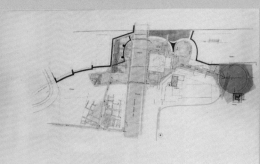

Tracce

Roma, Italia, 1926-2010

Presso lo studio di Riccardo Morandi conosce l'ingegnere Sergio Musmeci, con il quale dividerà poi tutta la sua vita privata e professionale. Di grande personalità e di carattere forte e sicuro, mentre il marito si dedica a ricerche e progetti, Zenaide Zanini si occupa di dirigere le attività e il personale dello studio, senza tuttavia tralasciare l'attività professionale, come rivela il progetto esposto per il ponte sull'Appia Antica, studiato e disegnato da Musmeci, in cui Zanini ricopre il ruolo di direttore artistico, studiando anche la musealizzazione dell'area archeologica sottostante.

Zenaide Zanini, Roma, anni cinquanta. Courtesy Archivio personale eredi Musmeci

Ponte sull'Appia Antica, Roma, 1980, con Sergio Musmeci e Arrigo Carè. Collezione MAXXI Architettura, Fondo Musmeci

PRACTICES
PRATICHE

An Itinerary into "Making Architecture" Today
Elena Motisi

The contents of the *Practices* section are set in between the tables
displaying archive material. These "rooms" that in the exhibition
display often feature no physical partition, alternate with
the *Stories* tables, presenting eleven monographic insertions
documenting eleven exemplary (and spectacular) case studies
of contemporary architectural practice.

These selected architects stand as role models not only
in light of their professional contribution but also considering the
variety of contexts and professional formats these practices testify
to: head of major studios, working independently, collaborating
with other women architects or a partner, or as part of a collective,
fighting to affirm the value of professional equality in the most
diverse political and cultural realities. This section includes
experiences of architects and studios based in America, Europe,
Asia, and Africa defining a landscape beyond standardized
geographical boundaries. Every project reflects lines of research
rooted in their original cultural context while also touching
on themes of great international interest. The eleven profiles
were selected from this perspective, not only considering their
architectural outcome, but also their challenging quality and their
role as junctures of new ideas leading towards innovative project
processes. The architects represented in this section exemplify
unique ways of interpreting the profession and present themselves
at MAXXI showcasing work and projects that, in most cases,
do not match globalized typological and formal definitions.

Kazuyo Sejima here presents a study model reflecting
the architect's idea that "a building is ultimately the equivalent of

Un itinerario nel "fare architettura" oggi
Elena Motisi

Il capitolo dedicato alle *Pratiche* occupa gli spazi tra i tavoli
destinati all'archivio. Queste "stanze", che spesso si configurano
in mostra senza pareti fisiche, alternano, ai tavoli delle *Storie*,
undici installazioni che documentano altrettanti casi di
studio esemplari (e spettacolari) della pratica architettonica
contemporanea.

Le figure selezionate mettono in scena casi unici,
non solo per la qualità del loro contributo professionale ma
anche per la varietà dei contesti e delle geometrie professionali
che testimoniano: progettiste che guidano grandi studi, lavorano
da sole, collaborano con altre donne o con un partner, partecipano
a collettivi e lottano per affermare il valore dell'uguaglianza
professionale nelle più diverse realtà politiche e culturali.
Vengono qui presentate esperienze di progettiste e studi
provenienti da America, Europa, Asia, Africa in un paesaggio
che travalica i confini geografici standardizzati. Ogni progetto
restituisce infatti prospettive di ricerca che trovano le loro radici
nel contesto culturale in cui hanno germogliato, ma che al tempo
stesso rappresentano delle finestre su grandi temi di interesse
internazionale. Ed è in questa prospettiva che gli undici profili
sono stati selezionati: non solo quindi per la qualità degli esiti
architettonici, quanto per il loro potere sfidante e il loro essere
luogo di articolazione di idee originali e processi progettuali
innovativi. Le autrici presenti esemplificano modi unici
di interpretare la professione e si presentano al MAXXI portando
il loro lavoro e i loro progetti che, quasi sempre, travalicano
definizioni tipologiche e formali globalizzate.

the diagram of the space used to abstractedly describe the everyday activities carried out inside the building." Hanging from the gallery ceiling we find somewhat ephemeral spatial shapes: the constituent elements of a sophisticated semitransparent model evoking the roofing of the Puyan Design and Event Center currently under construction in China. The poetic quality of this object, the result of a painstakingly precise study, interacts with the visual representations of the work, reflecting the typical refinement of Japanese tradition, yet without evoking its archetypes and traditional processes. Processes that instead reference the scale model made in woven whicker for the Spanish Pavilion at the World Expo Shanghai by Benedetta Tagliabue. This testimony presents ecologically sustainable building techniques, described with EMBT studio's specific language. The maquette on display, built in the creative workshop of Passage de la Pau in Barcelona, presents a scale rendition of every single constructive element and reflects all the creative passages of "making architecture" that led to the final realization. The studio's signature trait clearly emerges in the traditional photomontages creating connections between the single structural elements studied by the Spanish firm with the local tradition of Chinese weaving. And it is again with a design method that harkens back to the tradition of drawing and modeling that Jeanne Gang presents at MAXXI the Richard Gilder Center for Science, Education, and Innovation of the American Museum of Natural History. Just as in her practice, Gang makes an entrance among the major American studios with driven research focusing on the relationship between science and art. Here at the museum—starting from sketches, diagrams, and models made from a wide variety of materials—her studio introduces a divergent element in the exhibition landscape with a habitable model of the building interiors.

A less canonical view is the one confronting us with the subversive force of the artistic nature of architecture in the design process: Elizabeth Diller presents research ranging from the *Bad Press* performative experiments of 1993 to the ambitious design of the The Shed multifunctional center by

Kazuyo Sejima presenta in mostra un modello di studio che rispecchia il pensiero dell'architetto secondo cui «un edificio è l'equivalente del diagramma dello spazio utilizzato per descrivere astrattamente le attività quotidiane che vi si svolgono». Sospese al soffitto della galleria, troviamo forme spaziali quasi effimere: sono gli elementi costitutivi di un sofisticato modello semitrasparente che evoca la copertura del progetto per il Puyan Design and Event Center, ancora in costruzione in Cina. La poesia dell'oggetto, frutto del lavoro di cesello dello studio, si relaziona con le rappresentazioni visive dell'opera che restituiscono tutta la raffinatezza propria della tradizione giapponese, senza però evocarne archetipi e processi tradizionali. Processi che invece rimandano al prototipo in scala reale realizzato in vimini intrecciato per lo Spanish Pavilion al World Expo Shanghai di Benedetta Tagliabue. Questa testimonianza presenta tecniche di costruzione ecologicamente sostenibili descritte con il linguaggio proprio dello studio EMBT. Le *maquette* in mostra, costruite nella fucina creativa di Passage de la Pau a Barcellona, ripropongono in scala ogni singolo elemento costruttivo e restituiscono tutti i passaggi creativi del "fare architettura" che hanno portato alla realizzazione finale. Di corredo, la firma dello studio è evidente con i tradizionali fotomontaggi che mettono in connessione i singoli elementi strutturali studiati dallo studio spagnolo con la tradizione locale dell'intreccio cinese. Ed è sempre con un metodo progettuale che riporta alla tradizione del disegno e del modello, che Jeanne Gang presenta al MAXXI il Richard Gilder Center for Science, Education, and Innovation all'American Museum of Natural History. Nella professione, Gang irrompe nella scena dei grandi studi americani con la forza di una ricerca che mette al centro il rapporto tra scienza e arte. Allo stesso modo, al museo, – partendo da bozzetti, schemi e modelli realizzati con i materiali più diversi – lo studio costruisce un elemento di rottura nel paesaggio espositivo con un modello abitabile del corpo cavernoso dell'edificio.

Una visione meno canonica è invece quella che ci pone di fronte alla forza eversiva della natura artistica dell'architettura nel progetto: Elizabeth Diller presenta una ricerca che va dalle

Diller Scofidio + Renfro. Characterized by a hyper-technological shell set on wheels, the structure invites us to look beyond the object and ponder on the primary vocation of architecture: meeting the needs of space and the people who inhabit it, while keeping a watchful eye on issues of technological innovation and the political-social dimension that brings it to life.

With Grafton Architects, architecture becomes a monument: it imposes itself in the gallery with a brick installation revealing the full force of the professional team that created it—led by Yvonne Farrell and Shelley McNamara—positioning itself at the top of world architecture. The project for the Toulouse School of Economics references Toulouse's Roman city wall, re-proposing in its planimetric/volumetric plan characteristics of the historic city, with ramps, buttresses and walled elements that redesign private and public spaces.

Lina Ghotmeh's project, on the other hand, opens a window onto one of the most pressing emergencies of our everyday lives, taking us to the war zones of Beirut. With handmade facade tiles, dust, and debris, construction tools and video art moments, *Stone Garden. Resilient Living: An Archaeology of the Future* redefines a perfect balance between contemporary instances and artisan craftsmanship. Amateur Studio was selected precisely by looking at those studios that appear most aware of the changes taking place and that manage to integrate them with a design process rooted in the territory and mindful of the possibilities entailed in working with traditional techniques. A large bird-wing roof pitch prototype takes the visitor to faraway places, inside the Lin'an Museum in Hangzhou, where construction and territory work together to decode the languages of memory and tradition. One single object encapsulates all the building techniques that aim to harmonize sensitivity to context with the demands of sustainable development, a single project that won Lu Wenyu—and her husband Wang Shu—a Pritzker Prize and that stands as a critique of the massive, standardized construction industry that is reshaping the landscape of China in our time.

sperimentazioni performative dell'opera *Bad Press* del 1993 all'ambizioso progetto del centro multifunzionale The Shed firmato da Diller Scofidio + Renfro. La struttura, caratterizzata da un guscio ipertecnologico che si muove su ruote, invita a guardare oltre l'oggetto e a confrontarsi con la vocazione prima dell'architettura: il venire incontro alle esigenze dello spazio e alle persone che lo abitano, mantenendo uno sguardo attento ai temi dell'innovazione tecnologica e alla dimensione politico-sociale che la rende viva. Con Grafton Architects l'architettura diventa monumento: si impone in galleria con un'installazione di mattoni che rivela tutta la forza dell'organismo professionale che lo ha realizzato – capitanato dalla coppia Yvonne Farrell e Shelley McNamara – e che si è posizionato ai vertici dell'architettura mondiale. Il progetto per la Toulouse School of Economics fa eco alla cinta muraria romana che Tolosa conserva, riproponendo nel suo planivolumetrico le caratteristiche della città storica fatta di rampe, contrafforti ed elementi murati che ridisegnano spazi privati e pubblici.

Il progetto di Lina Ghotmeh è invece una finestra su una delle emergenze principali del nostro quotidiano e ci porta nei territori di guerra di Beirut. Con tasselli di facciate lavorate a mano, polvere e detriti, strumenti di costruzione e momenti di video arte, *Stone Garden. Resilient Living: An Archaeology of the Future* ridisegna un perfetto equilibrio tra istanze contemporanee e sapere artigiano. Proprio guardando a quegli organismi professionali che si mostrano più consapevoli dei mutamenti in atto e che riescono a integrarli con un processo progettuale radicato sul territorio e attento alle possibilità del lavoro con tecniche tradizionali, è stato selezionato Amateur Studio. Un grande prototipo di falda di tetto ad ali d'uccello porta il visitatore in luoghi lontani, all'interno del Lin'an Museum di Hangzhou, nel quale l'edificio costruito e il territorio lavorano insieme alla decodifica dei linguaggi della tradizione e della memoria. Un singolo oggetto riassume tutte le tecniche costruttive che mirano ad armonizzare la sensibilità nei confronti del contesto con le esigenze di uno sviluppo sostenibile

Looking at a more global dimension, landscape and environmental sensitivity stand out as issues worthy of investigation by architectural practice seen as an element of awareness-raising: Dorte Madrup's Icefjord Centre is a declaration of intent in this direction. Her firm, known for its focus on welfare, drives the attention to climate change by looking at the ever-changing landscape of Greenland. With a highly minimal gesture, it confronts us with a contemporary emergency in a dialectical interaction between ecology, economics, and sustainability.

A complex organism on the other hand is that composed of fragments of a relentless research that critically intercepts the relationships between environmental, social, and economic sustainability and suggests practical and programmatic applications in India. This is the work of Anupama Kundoo who, with models, prototypes, and construction materials, shows the architect's technological awareness and massive presence that only a technique such as ferrocement can have.

The only built room in the exhibition is Nigerian Mariam Kamara's *Room for Introspection*. This site-specific installation of her masōmī atelier stands as a discovery, both in terms of architecture and content. It is a diary, a display of African identity, with clear references to Tuareg culture, Neolithic sculptures and the Sahara landscape that have strongly influenced the architect's aesthetic sensibility. In the color black, representative of power and knowledge, echoes the dialogue between sustainable practices and traditional techniques but also the angered voices of those who have lived through a world marred by colonialism. In the exhibition, the *Practices* chapter ends with *The Voice of Children*, *Oto Projects* and *Granby Workshop Mantelpieces* videos by the London-based multidisciplinary collective Assemble, which explores the possibilities of self-building and the potential of collaboration with and between communities. These are projects that aim at the creation of a discourse focused on a new vision of architecture, considered as a space of the people and communities who live there.

e che hanno fatto vincere a Lu Wenyu – e al marito Wang Shu –
un Pritzker Prize. È una critica all'edilizia massiva e standardizzata
che sta ridisegnando il paesaggio della Cina del nostro tempo.

Guardando a una dimensione più globale, il paesaggio
e la sensibilità ambientale si distinguono come temi meritevoli
di un approfondimento da parte della pratica architettonica
vista come elemento di sensibilizzazione: lo Icefjord Centre di
Dorte Madrup è una dichiarazione di intenti in questa direzione.
Lo studio, noto per la sua attenzione al welfare, pone l'attenzione
sul cambiamento climatico guardando al paesaggio mutevole
della Groenlandia. Con un gesto estremamente minimale, ci pone
di fronte a un'emergenza del contemporaneo, in un rapporto
dialettico tra ecologia, economia e sostenibilità.

Un organismo complesso è invece quello composto
dai frammenti di una ricerca incessante che intercetta in maniera
critica le relazioni tra sostenibilità ambientale, sociale ed economica
e che suggerisce applicazioni pratiche e programmatiche
nel territorio indiano. È il lavoro di Anupama Kundoo che,
con modelli, prototipi e materiali di costruzione, manifesta la
consapevolezza tecnologica della progettista e la presenza massiva
che solo una tecnica come quella del ferrocemento può avere.

L'unica vera stanza costruita in mostra è la *Room for
Introspection* della nigeriana Mariam Kamara. Questa installazione
site specific del suo atelier masōmī si propone come una scoperta,
sia in termini architettonici sia di contenuto. È un diario,
una vetrina sull'identità africana, con chiari riferimenti alla cultura
tuareg, alle sculture neolitiche e al paesaggio del Sahara che
hanno fortemente influenzato la sensibilità estetica dell'architetto.
Nel nero, colore rappresentativo del potere e della conoscenza,
echeggia il dialogo tra pratiche sostenibili e tecniche tradizionali,
ma anche la voce della rabbia di chi ha vissuto un mondo segnato
dal colonialismo. In mostra, chiudono il capitolo dedicato alle
Pratiche i video *The Voice of Children, Oto Projects* e *Granby
Workshop Mantelpieces*, del collettivo multidisciplinare londinese
Assemble, che s'interroga sulle possibilità dell'autocostruzione

These eleven proposals can be read as gateways towards the creation of new languages and new possibilities, in dialogue with the mentalities and society inhabiting them. Assemble, Diller, Gang, Ghotmeh, Grafton, Kamara, Kundoo, Mandrup, Sejima, Tagliabue, and Wenyu are representative of a collectivity made up of individualities and unique and very sectorial research that are also manifestos of a system of resistance and resilience that goes far beyond the *querelle des sexes*. The selected projects are metaphors for the relationships and possible new alliances between architecture's field of investigation and the emergencies that arise within the living space of everyday life but also—and especially—in the context of global change. *Practices* intended to reflect a vision that by detaching itself from the local dimension, opens to a design approach encompassing the global socio-cultural landscape.

e sulle potenzialità della collaborazione con e tra le comunità. Sono progetti che mirano a creare un discorso incentrato su una nuova visione dell'architettura, considerata come luogo delle persone e delle collettività che la vivono.

Questi undici spunti di riflessione possono essere letti come porte sulla dimensione della creazione di nuovi linguaggi e di nuove possibilità, in dialogo con le forme del pensiero e della società che le abita. Assemble, Diller, Gang, Ghotmeh, Grafton, Kamara, Kundoo, Mandrup, Sejima, Tagliabue e Wenyu sono nomi esemplificativi di una collettività fatta di individualità e di ricerche peculiari e molto settoriali che sono al tempo stesso manifesto di un sistema di resistenza e resilienza che va ben oltre la "querelle des sexes". I progetti scelti sono metafora delle relazioni e delle nuove possibili alleanze tra il campo di indagine dell'architettura e le emergenze che si presentano all'interno dello spazio di vita del quotidiano ma anche – e soprattutto – nel contesto di un cambiamento globale. Si vuole quindi restituire una visione che, distaccandosi dalla dimensione locale, si apre a una politica di progettazione aperta al paesaggio socio-culturale mondiale.

ASSEMBLE

Multi-disciplinary Collective, London, UK

Assemble participate in the architecture scene in a very specific way. It is not just an "interdisciplinary collective active in the fields of architecture, design and art." The group's nature is diverse, changeable and open to dialogue and contributions, and entails an approach that brings the two phases of design and construction closer, almost to the point of blurring them.

The group was founded in 2010 and has made a significant impact on the British and global architecture and artscene. It has frequently used self-build processes and community collaborations to design interventions related to education, childhood, culture and theatre spaces.

The Voice of Children is a project that explores children's play spaces around the world. The collected videos recount "adult-free" play moments, thus highlighting the crucial role of spaces in the process of building the individual and collective identity of children.

Baltic Street Adventure Playground, Glasgow, 2014
OTO Projects, London, 2013
© Assemble

Collettivo multidisciplinare, Londra, UK

Assemble partecipa al panorama dell'architettura con una modalità molto specifica. Non si tratta solo di un "collettivo interdisciplinare attivo nei campi dell'architettura del design e dell'arte". Il team ha una natura molteplice e mutevole, aperta a dialoghi e contributi, tale da implicare un approccio che avvicina – fino a confonderle – le due fasi del progetto e della costruzione.

Fondato nel 2010, Assemble ha prodotto un impatto notevole sulla scena dell'architettura e dell'arte anglosassone e globale. Ricorrendo con frequenza all'autocostruzione e alla collaborazione con le comunità, ha progettato e realizzato interventi spesso legati all'educazione, all'infanzia, agli spazi della cultura e del teatro.

The Voice of Children (La voce dei bambini) è un progetto che esplora gli spazi del gioco infantile in giro per il mondo. I video raccolti raccontano momenti di gioco "senza adulti", mettendo in evidenza il ruolo cruciale degli spazi nella costruzione della crescita individuale e collettiva dei bambini.

Baltic Street Adventure Playground, Glasgow, 2014
OTO Projects, Londra, 2013
© Assemble

ELIZABETH DILLER

Diller Scofidio + Renfro, New York, USA

Diller is one of the leading figures in contemporary architecture. She managed to progressively expand her projects from an area very close to performance art to the status of a global professional without losing any of her original "research" energy.

Diller was born in Poland and emigrated with her family to New York in 1969. She founded the Diller + Scofidio studio in 1981 with her life and work partner Ricardo Scofidio. Charles Renfro became the studio's third partner in 2004. DS+R is now one of the world's most influential architectural studios and is known both for its installations and the projects it carries out for major cultural institutions, such as the ICA in Boston, The Broad in Los Angeles and the recent MoMA re-organization.

The installation has featured two of Diller's works, thus bearing witness to her ability to bring together two very different concepts: an installation designed for a museum— the legendary Bad Press—and a large, metropolitan-scale cultural space, that is, *The Shed*.

Diller Scofidio + Renfro, *The Shed*, New York, USA, 2019. Photo Iwan Baan, Courtesy Diller Scofidio + Renfro

Diller + Scofidio, *Bad Press: Dissident Ironing*, 1993. Courtesy Diller Scofidio + Renfro

Diller Scofidio + Renfro, New York, Stati Uniti

Diller è una delle figure leader dell'architettura contemporanea. È stata capace di espandere progressivamente i suoi progetti che, nati in un'area molto vicina alla performance artistica, hanno raggiunto poi uno status professionale di impatto globale senza perdere lo slancio della "ricerca" originale.

Nata in Polonia ed emigrata con la famiglia a New York nel 1969, fonda lo studio Diller + Scofidio nel 1981 insieme a Ricardo Scofidio, partner di vita e di lavoro. Nel 2004 Charles Renfro diventa il terzo partner dello studio. DS+R è ormai uno degli studi di architettura più influenti al mondo, noto sia per le sue installazioni sia per i progetti di grandi istituzioni culturali, dall'ICA di Boston al The Broad di Los Angeles, al nuovo assetto museale del MoMA.

L'allestimento ha ospitato due lavori di Diller, proprio per testimoniare la capacità vitale di tenere insieme due registri così distanti come l'installazione pensata per il museo – in questo caso la mitica *Bad Press* – e il grande spazio culturale a scala metropolitana, vale a dire *The Shed*.

Diller Scofidio + Renfro, *The Shed*, New York, Stati Uniti, 2019. Foto Iwan Baan, Courtesy Diller Scofidio + Renfro

Diller + Scofidio, *Bad Press: Dissident Ironing*, 1993. Courtesy Diller Scofidio + Renfro

JEANNE GANG

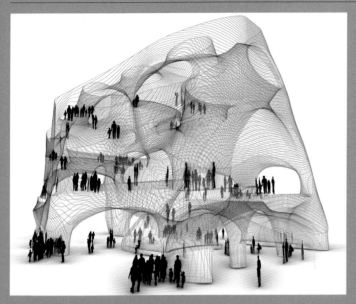

Studio Gang, Chicago, USA

The United States have long been a hostile environment for women designers wishing to build large-scale professional structures that could compete with established American mega-studios. The space left for them was that of universities, publications, and cultural institutions. Jeanne Gang has challenged and overcome this taboo.

Studio Gang has been active in the field of architecture and urban design since 1997, with offices in Chicago, New York, San Francisco, and Paris. The studio is committed to investigating the links between science and the arts and has designed, among other things, the Chicago River Boathouses, the Writers Theatre, and the Arcus Center for Social Justice Leadership.

The Gilder Center is an extension of the Museum of Natural History in New York, a cavernous organism housing galleries, educational spaces, and a library that fits into the central courtyard of the existing building, thereby welcoming visitors and urban flows to the heart of the complex.

Studio Gang, Richard Gilder Center for Science, Education, and Innovation, American Museum of Natural History, axonometric perspective of the Central Exhibition Hall, New York

Interior rendering of the Central Exhibition Hall, New York

Courtesy Studio Gang

Studio Gang, Chicago, Stati Uniti

Gli Stati Uniti hanno a lungo rappresentato un ambiente ostile per le progettiste che intendessero costruire strutture professionali di larga scala che potessero competere con i tradizionali mega-studi americani. Lo spazio loro riservato era quello dell'accademia, della pubblicistica e delle istituzioni culturali. Jeanne Gang ha sfidato e vinto questo tabù.

Dal 1997 Studio Gang è attivo nel campo dell'architettura e dell'urban design con sedi a Chicago, New York, San Francisco e Parigi. Incline a investigare il rapporto tra scienza e arti, lo studio ha realizzato tra l'altro le Chicago River Boathouses, il Writers Theatre e l'Arcus Center for Social Justice Leadership.

Il Gilder Center è un ampliamento del Museo di Storia Naturale di New York, un corpo cavernoso che ospita gallerie, spazi didattici e una biblioteca, che si inserisce nella corte centrale dell'edificio esistente accogliendo i visitatori e i flussi urbani nel cuore del complesso.

Studio Gang, Richard Gilder Center for Science, Education, and Innovation, American Museum of Natural History, New York, prospettiva assonometrica del padiglione espositivo centrale

Rendering del padiglione espositivo centrale, New York

Courtesy Studio Gang

LINA GHOTMEH

Lina Ghotmeh – Architecture, LGA, Paris, France

Ghotmeh's professional identity is a spectacular meeting of distant natures. Born and educated in architecture in Beirut, she then decided to complete her training and establish the productive center of her work in Paris. She loves artisanal knowledge and "handmade" architecture which she now combines using technology and digital tools.

The Lina Ghotmeh studio was founded after winning the competition for the National Museum of Estonia—followed by the construction of the building itself—and now operates in France, Lebanon, and many other countries.
In addition to the museum, which opened in 2016, the studio also won the competition for the "Réalimenter Masséna" wooden tower, which is dedicated to sustainable food, and has many other projects underway.

Stone Garden is a tower built between the historic city of Beirut and the port area. Its openings are distributed in a diverse, irregular way, like sentinels observing a city that is all too often at war. This architecture is once again suspended between constructive rationality and the artisan sensitivity employed in the "handmade" finishing of the facade.

Architecture, Stone Garden. Resilient Living: An Archaeology of the Future, Beirut, Lebanon, 2020. Photo Iwan Baan

Lina Ghotmeh – Architecture, LGA, Parigi, Francia

L'identità professionale di Ghotmeh è una spettacolare convergenza di nature distanti. Nata e educata all'architettura a Beirut, ha poi deciso di completare la formazione e stabilire la sua attività professionale a Parigi. È affascinata dal sapere artigianale e dall'architettura "fatta a mano" che coniuga oggi con tecnologia e strumentazioni digitali.

Lo studio Lina Ghotmeh è stato fondato dopo la vittoria, seguita dalla realizzazione dell'edificio, del concorso per il Museo Nazionale dell'Estonia. Lavora oggi in Francia, in Libano e in molti altri paesi. Oltre al museo, inaugurato nel 2016, lo studio ha vinto anche il concorso per una torre in legno dedicata all'alimentazione sostenibile, *Réalimenter Masséna*, e ha in corso molti altri progetti.

Stone Garden è una torre costruita al limite tra la città storica di Beirut e l'area portuale. Le sue aperture si distribuiscono varie e irregolari come sentinelle che osservano una città troppo spesso in guerra. Questa architettura è ancora una volta sospesa tra la razionalità costruttiva e la sensibilità artigianale che si ritrova nel trattamento superficiale della facciata, realizzato a mano.

Architecture, Stone Garden. Resilient Living: An Archaeology of the Future, Beirut, Libano, 2020. Foto Iwan Baan

GRAFTON ARCHITECTS

Yvonne Farrell, Shelley McNamara
Grafton Architects, Dublin, Ireland

Grafton is a particularly interesting professional partnership in the contemporary architecture scene. The discreet presence of the studio's gender identity is indeed blended with a certain attitude towards low-tech, a deep interest in building materials, and a persistent focus on projects for educational spaces.

The studio, which was founded by Shelley McNamara and Yvonne Farrell in Dublin in 1978, has gradually risen to the top of world architecture thanks to its solid, expressive buildings, its presence in major universities and the appointment as curators of the 16th Venice Architecture Biennale. Their most famous projects include the Bocconi University in Milan, the University of Engineering and Technology in Lima, and Kingston University in London.

The School of Economics in Toulouse—a sanctuary city of university architecture—occupies a breach in the medieval walls and thus constitutes an element of transition between the old town and the modern city. The large hall and the thoughtful use of large spans of concrete and local bricks are other essential features of the project.

Toulouse School of Economics, Toulouse, France, 2019.
Photo © Dennis Gilbert

Yvonne Farrell, Shelley McNamara
Grafton Architects, Dublino, Irlanda

Grafton è una partnership professionale particolarmente interessante nel panorama dell'architettura contemporanea.
La presenza discreta dell'identità di genere dello studio si diluisce infatti in una certa propensione low-tech, nell'interesse profondo per i materiali della costruzione e nella specifica focalizzazione su progetti dedicati alla formazione.

Lo studio, fondato da Shelley McNamara e Yvonne Farrell nel 1978 a Dublino, ha scalato progressivamente i vertici dell'architettura mondiale, grazie alla realizzazione di edifici solidi ed espressivi, alla presenza dei suoi membri nelle maggiori università, all'incarico per la cura della 16. Biennale Architettura di Venezia. Tra i progetti più noti la sede dell'università Bocconi a Milano, la Universidad de Ingeniería y Tecnología a Lima, la Kingston University a Londra.

La Facoltà di Economia di Tolosa – città-santuario dell'architettura universitaria – occupa una breccia nelle mura medievali e costituisce così un elemento di transizione tra centro antico e città moderna.
La grande hall e l'uso ponderato di grandi campate di cemento e mattoni locali sono gli altri caratteri essenziali del progetto.

Toulouse School of Economics, Tolosa, Francia, 2019.
Foto © Dennis Gilbert

MARIAM KAMARA

atelier masōmī, Niamey, Niger

"The memory of that geography and architecture remains the strongest influence on me and my work. These are the things that I am made of. My work is a manifestation of who I am. While very rational, it is not a purely intellectual exercise. It expresses itself through an instinct that comes from these depths and compels me to make layered and complex projects." M.K.

atelier masōmī's research starts from the assumption that architects should play a fundamental role in creating spaces that have the power to improve the quality of life of the people who live in them.
Kamara—founder of the Niamey-based atelier masōmī—was born in France and grew up in a small town in the Sahara. She studied architecture at the University of Washington, co-founded the architecture collective united4design and was named one of the *15 Creative Women of Our Time* by *The New York Times*.

Her black, symbolic, introverted *Room for Introspection*—a manifesto against the feelings that have been part of her life as someone from a colonized world—informs us of the impact that Tuareg culture and the Neolithic sculptural landscape have had on her life and work. The centerpiece is the Niamey Cultural Center model, which is a perfect synthesis of sustainable practices and traditional architecture and a testament to all the influences of Sahel architecture.

Room for introspection, exhibition view at *Good News*, 2022. Photo Giorgio Benni
Niamey Cultural Center, Niamey, Niger, render. © ateliermasomi

atelier masōmī, Niamey, Niger

«Il ricordo di quella geografia e di quell'architettura rimane l'influenza più forte su di me e sul mio lavoro. Questo è ciò di cui sono fatta. Il mio lavoro è la manifestazione di ciò che sono. Pur essendo molto razionale, non si tratta di un esercizio puramente intellettuale. Si esprime attraverso un istinto che scaturisce dal profondo e mi spinge a fare progetti stratificati e complessi». M.K.

La ricerca di atelier masōmī parte dal presupposto che gli architetti debbano avere un ruolo fondamentale nella creazione di spazi che hanno il potere di migliorare la qualità di vita delle persone che li abitano. Nata in Francia e cresciuta in una piccola città del Sahara, Kamara – fondatrice di atelier masōmī, con sede a Niamey – ha studiato architettura all'Università di Washington, ha co-fondato il collettivo di architettura united4design ed è stata nominata dal «The New York Times» come una delle *15 Creative Women of Our Time*.

Nera, simbolica e introversa, la sua *Room for Introspection* – manifesto contro i sentimenti che hanno fatto parte della sua vita come persona proveniente da un mondo colonizzato – ci rende partecipi dell'impatto della cultura tuareg e del paesaggio scultoreo neolitico sulla sua vita e sul suo lavoro. Al centro, il modello del Niamey Cultural Center è una sintesi perfetta tra pratiche sostenibili e architettura tradizionale, erede di tutte le influenze dell'architettura del Sahel.

Room for introspection, spazio espositivo a *Buone nuove*, 2022. Foto Giorgio Benni
Niamey Cultural Center, Niamey, Niger, render. © ateliermasomi

ANUPAMA KUNDOO

Anupama Kundoo Architects, Berlin, Germany and Pondicherry (India)

Anupama Kundoo's practice is a window on the possibilities of using traditional Indian materials and techniques in a contemporary context: it looks at new construction and living models designed for a sustainable future, thus building a form of architecture that is centered on people and based on low environmental impact processes.

Kundoo, who trained first in India (Mumbai) and then in Berlin, has complemented her professional practice and research with an intense lecturing activity, which includes teaching Architecture and Urban Management at numerous international universities. Her work tends to combine theoretical depth with a focus on environmental issues. Her most renowned works include the *Wall House* residential building and the bookless library *Unbound: The Library of Lost Books*.

At MAXXI she brings elements and fragments of a research that highlights the relationships between strategies of environmental, social, and economic sustainability. The instrument of choice is ferrocement as an experimental technique to be used for housing solutions and prefabricated models such as *Full Fill Homes*, *Light Housing* or the *Easy WC*.

Easy WC, 2016. © AKA. © Javier Callejas

Anupama Kundoo Architects, Berlino, Germania e Pondicherry (India)

La pratica di Anupama Kundoo è una finestra sulle possibilità di utilizzo dei materiali e delle tecniche proprie della tradizione indiana in un contesto contemporaneo: guarda a nuovi modelli costruttivi e abitativi pensati per un futuro sostenibile, costruendo un'architettura incentrata sulle persone e basata su processi a basso impatto ambientale.

Kundoo, che si è formata prima a Mumbai, India, e poi a Berlino, ha associato la sua pratica professionale e di ricerca a un'intensa attività didattica, insegnando architettura e urban management presso numerose università internazionali. I suoi progetti tendono a combinare un forte spessore teorico con l'attenzione alle questioni ambientali. Tra i suoi lavori più noti l'edificio residenziale *Wall House* e la biblioteca senza libri *Unbound: The Library of Lost Books*.

Al MAXXI porta elementi e frammenti di una ricerca che evidenzia le relazioni tra strategie di sostenibilità ambientale, sociale ed economica. Lo strumento principale individuato è l'uso del "ferrocemento" come tecnica sperimentale da utilizzare per soluzioni abitative e modelli prefabbricati come le *Full Fill Homes*, le *Light Housing* o l'*Easy WC*.

Easy WC, 2016. © AKA. © Javier Callejas

LU WENYU

Amateur Architecture Studio, Hangzhou, China

Within the context of the exhibition, the most interesting aspect in the work of Lu Wenyu and her husband Wang Shu is well expressed by the name of their studio, "Amateur Architecture." Indeed, the word amateur can be understood as a critique of the massive, globalized construction industry that has taken hold in much of China and beyond. Self-sufficiency and independence are seen as a guarantee of the studio's experimental work.

Lu Wenyu and Wang Shu, who founded and currently teach at the Department of Architecture at the China Academy of Art, are the only partners in a team involving mostly students and characterized by a strong bond with the local area and its construction techniques and materials. Their most famous buildings include the Ningbo Historical Museum, the Fuyang Cultural Complex—which required the restoration of the Wencun village—, and the Ningbo Tengtou pavilion at the Shanghai Expo.

At MAXXI, Lu Wenyu has presented fragments of the project she carried out for the Lin'an History Museum, which is located on the outskirts of Hangzhou. The heart of the installation is a 1:4 scale prototype of a traditional Chinese roof, which was also used in the Chinese section of the Humboldt Forum on Berlin's Museum Island. The curved wooden structure deliberately evokes the image of a flying bird.

Amateur Architecture Studio, Lin'an Museum, Hangzhou, China. Photo Iwan Baan

Amateur Architecture Studio, Lin'an Museum, drawing. Courtesy Amateur Architecture Studio

Amateur Architecture Studio, Hangzhou, Cina

Nel contesto della mostra, l'aspetto più interessante nel lavoro di Lu Wenyu e di suo marito Wang Shu è ben espresso dal nome del loro studio, Amateur Architecture, dove la componente "amatoriale" può essere intesa come una critica all'edilizia massiva e globalizzata che si è affermata in gran parte della Cina e non solo. L'autosufficienza e l'indipendenza sono invece considerati come la garanzia del lavoro sperimentale dello studio.

Lu Wenyu e Wang Shu – docenti e fondatori del dipartimento di architettura alla China Academy of Art – sono gli unici soci di uno studio composto in gran parte da studenti e caratterizzato da un legame forte con il territorio e con la tradizione costruttiva delle tecniche e dei materiali locali.
Tra gli edifici più noti il Museo storico di Ningbo, il complesso culturale di Fuyang con il restauro del villaggio di Wencun e il padiglione Ningbo Tengtou all'Expo di Shanghai.

Lu Wenyu ha presentato al MAXXI alcuni frammenti del progetto per il Lin'an History Museum, nella periferia di Hangzhou. Cuore dell'installazione è il prototipo in scala 1:4 di un tetto tipico della casa tradizionale cinese, già utilizzato dallo studio anche nella sezione cinese all'Humboldt Forum nell'Isola dei musei a Berlino.
La struttura in legno curvato sospesa nella galleria evoca volutamente l'immagine di un uccello in volo.

Amateur Architecture Studio, Lin'an Museum, Hangzhou, Cina. Foto Iwan Baan

Amateur Architecture Studio, Lin'an Museum, disegno tecnico. Courtesy Amateur Architecture Studio

DORTE MANDRUP

Dorte Mandrup A/S, Copenhagen, Denmark

Dorte Mandrup's presence in this section is due both to the exemplary nature of her professional profile in relation to the context in which she works and to the importance attached to welfare, environmental issues, and gender equality in Scandinavian countries.
Mandrup's environmental sensitivity is consistently manifested in all the components of her projects, including places, materials, functions, form, and social role.

The Dorte Mandrup studio, founded in 1999 in Copenhagen, currently consists of a team of 75 people and is active in many European countries and North America. Its projects include the Wadden Sea Center, the Karlskrona Culture House and Library, and many other residential and cultural institution projects.

The Icefjord Center is located on the edge of the UNESCO Kangia Icefjord area on Greenland's west coast. The building has been conceived as a device to enable people to gain a "privileged" perspective on the effects of climate change and thus invite them to step up their efforts.

Ilulissat Icefjord Centre, Greenland, 2021.
Photo Adam Mørk

Dorte Mandrup A/S, Copenaghen, Danimarca

La presenza di Dorte Mandrup in questa sezione si deve sia al carattere esemplare del suo profilo professionale rispetto allo scenario in cui opera, sia all'importanza che nei paesi scandinavi viene riconosciuta al welfare, alle questioni ambientali e alla *gender equality*.
La sensibilità ambientale di Mandrup si manifesta coerentemente in tutte le componenti dei suoi progetti: luoghi, materiali, funzioni, forma e ruolo sociale.

Lo studio Dorte Mandrup nasce nel 1999 a Copenaghen, consiste oggi di un team di settantacinque persone ed è attivo in molti paesi europei e in Nordamerica. Tra i progetti realizzati il Wadden Sea Centre, la Karlskrona Culture House and Library e molti altri progetti residenziali e di istituzioni culturali.

L'Icefjord Centre si trova al margine dell'area UNESCO del Kangja Icefjord sulla costa occidentale della Groenlandia. L'edificio è stato pensato come un dispositivo per permettere alle persone di raggiungere un punto di vista "privilegiato" sugli effetti del cambiamento climatico e in questo modo invitarle a un impegno maggiore.

Icefjord Centre, Ilulissat, Groenlandia, 2021.
Foto Adam Mørk

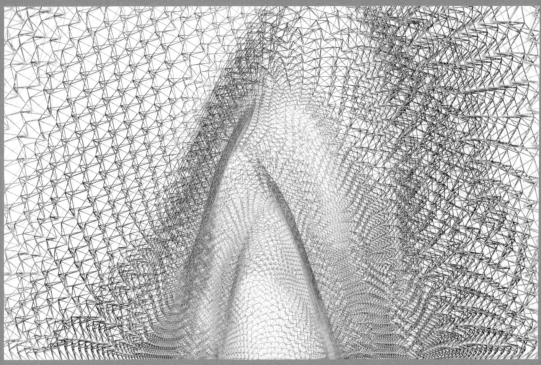

SANAA, KAZUYO SEJIMA & ASSOCIATES / KSA, Tokyo, Japan

The professional structure created by Kazuyo Sejima and Ryue Nishizawa is an exceptional prototype of a "bespoke" collaboration. SANAA, Sejima, and Nishizawa coexist in the same space. The professional geometry varies according to the nature and scale of assignments, ranging from small-scale buildings to major complexes.

The Sejima studio was established in 1987, while SANAA in 1995. Both leaders studied at a Japanese university and worked in Toyo Ito's studio. SANAA's work is now found in Asia, Europe, and North America. They built the Kanazawa Museum in 2004 and the Rolex Learning Center in 2010. 2012 saw Sejima become the curator of the 12th Architecture Biennale in Venice.

The Design and Event Center in Puyan (PYA) synthesizes at least three essential elements of SANAA's approach: it confuses nature and artifice, thus transforming the entire island into an architectural structure, it "disappears" thanks to its elusive forms and surfaces, and it entrusts the relationship between old and new to a respectful, deliberate contrast.

Kazuyo Sejima & Associates / KSA,
Puyan Design and Event Center, Puyan, China
(2021– ongoing project), structure of the roof, render.
Courtesy Kazuyo Sejima & Associates

SANAA, KAZUYO SEJIMA & ASSOCIATES / KSA, Tokyo, Giappone

La struttura professionale creata da Kazuyo Sejima e Ryue Nishizawa rappresenta un eccezionale prototipo di collaborazione "su misura". Nello stesso spazio convivono i soggetti SANAA, Sejima e Nishizawa. La geometria professionale varia a seconda della natura e della scala degli incarichi, che vanno da edifici di scala minima a complessi di grande importanza.

Lo studio Sejima nasce nel 1987, SANAA nel 1995. Entrambi provengono da una formazione universitaria giapponese e da esperienze nello studio di Toyo Ito. I lavori di SANAA sono oggi presenti in Asia, Europa e Nordamerica. Nel 2004 realizzano il museo di Kanazawa, nel 2010 il Rolex Learning Center, nel 2010 Sejima è curatrice della 12. Biennale Architettura di Venezia.

Il Design and Event Center in Puyan (PYA) è un edificio che sintetizza almeno tre elementi essenziali dell'approccio di SANAA. Prima di tutto confonde natura e artificio, trasformando l'intera isola in un'architettura, "poi scompare" grazie a forme e superfici sfuggenti, infine affida a un contrasto rispettoso e consapevole il rapporto tra vecchio e nuovo.

Kazuyo Sejima & Associates / KSA,
Puyan Design and Event Center, Puyan, Cina
(2021- in corso), rendering della struttura del tetto.
Courtesy Kazuyo Sejima & Associates

BENEDETTA TAGLIABUE

Miralles Tagliabue EMBT, Barcelona, Spain and Shanghai, China

Benedetta Tagliabue's professional path is complex and ambitious. After Enric Miralles' death, the Italian architect has not only succeeded in preserving and developing the professional strength of the EMBT studio, but has also succeeded in giving it further momentum and recognition, thus opening it up to new areas of research, such as textile architecture, and to new geographical frontiers, such as China.

Tagliabue teamed up with Miralles in EMBT in 1994 and has been the sole leader of this multicultural, highly experimental studio since 2000. Her best-known projects include the new Parliament in Edinburgh, the Santa Caterina Market in Barcelona and the metro station in Naples.

The Spanish Pavilion for Expo 2010 in Shanghai is a good representation of the interplay between Miralles' legacy of formal restlessness and Tagliabue's interest in materials, craft practices, and the interaction between the digital and the manual. At the crossroads of local and western traditions, the structure explores the potential of wicker weaving as an ecologically sustainable construction technique, here employed by craftsmen from the Shanghai region.

EMBT Architects, Spanish Pavilion for World Expo Shanghai, China, 2010. Photo Shen Zhongha – KDE

EMBT Architects, Spanish Pavilion for World Expo Shanghai, China, 2010, conceptual collage. Courtesy Miralles Tagliabue EMBT

Miralles Tagliabue EMBT, Barcellona, Spagna e Shanghai, Cina

La traiettoria professionale di Benedetta Tagliabue è complessa e ambiziosa. Dopo la scomparsa di Enric Miralles l'architetta italiana è non solo riuscita a conservare ed espandere la forza professionale dello studio EMBT, ma anche a imprimergli ulteriore slancio e riconoscibilità. Si è infatti aperta a nuovi fronti di ricerca, come quello delle architetture tessili, e a nuovi orizzonti geografici come la Cina.

Tagliabue si associa a Miralles in EMBT nel 1994 e dal 2000 è unica leader di uno studio multiculturale e dal forte approccio sperimentale. Tra i progetti più noti, il nuovo Parlamento di Edimburgo, il mercato di Santa Caterina a Barcellona e la stazione metro a Napoli.

Il padiglione spagnolo per l'Expo 2010 a Shanghai rappresenta bene la sintesi tra la legacy dell'irrequietezza formale di Miralles e l'interesse di Tagliabue per i materiali, le pratiche artigiane, l'interfaccia tra digitale e manuale. All'incrocio tra tradizioni locali e occidentali l'edificio esplora le possibilità della tessitura in vimini – qui realizzata dagli artigiani della regione di Shanghai – come tecnica di costruzione ecologicamente sostenibile.

EMBT Architects, Padiglione spagnolo per World Expo Shanghai, Cina, 2010. Foto Shen Zhongha – KDE

EMBT Architects, Padiglione spagnolo per World Expo Shanghai, Cina, 2010, collage concettuale. Courtesy Miralles Tagliabue EMBT

VISIONS
VISIONI

Visions
Alessandra Spagnoli

Visions stems from MAXXI's participation in Future Architecture Platform, a network of 27 European institutions devoted to the promotion of selected young talents chosen every year through an international open call. Part of this program is the *Architecture Film Summer School*, a workshop organized by the museum and aimed at the production of video artworks addressing various aspects of architectural design.

The growing recognition of the analytical and expressive potential of video in the architecture field and the increasingly confident use of this media by the younger generations of architects, combined with the 2020 lockdown, prompted MAXXI to launch the first edition of the workshop online, transforming the mobility restrictions into an opportunity to reflect on domestic space through the lens of a video camera.

The second edition of the workshop, which was also carried out online from 31 May to 17 September 2021, in connection with the exhibition *Good News. Women in Architecture*, provided the occasion to venture out of the studio to understand how the relationship between gender and space affects our way of living, perceiving, and designing the built environment.

The objective of the workshop was to offer the group of five participants, made up of architects, artists, and researchers, the necessary tools to make quality video artworks regardless of their formation or previous experience, and was therefore structured around three fundamental contributions: the critical-theoretical contribution of Barbara Penner, architecture historian and Professor of Architectural Humanities at Bartlett School of

Visioni
Alessandra Spagnoli

Visioni nasce dalla partecipazione del MAXXI a Future
Architecture Platform, una rete di ventisette istituzioni europee
dedita alla promozione di giovani talenti selezionati ogni anno
tramite una open call internazionale. All'interno di questo
programma si colloca l'*Architecture Film Summer School*,
un workshop organizzato dal museo e finalizzato alla realizzazione
di video che documentano vari aspetti della progettazione.

Il crescente riconoscimento delle potenzialità analitiche
ed espressive del linguaggio video in ambito architettonico, il suo
uso sempre più disinvolto tra le giovani generazioni di architetti
e il lockdown del 2020 hanno spinto il MAXXI a lanciare la prima
edizione del workshop online, trasformando il limite dello stato
d'immobilità in opportunità per riflettere sullo spazio domestico
attraverso la lente della telecamera.

La seconda edizione del workshop che si è svolta,
nuovamente online, dal 31 maggio al 17 settembre 2021 in
occasione della mostra *Buone nuove. Donne in architettura*,
si è offerta invece come mezzo per uscire dalle mura dello studio
e comprendere come la relazione tra genere e spazio condizioni
il nostro modo di vivere, percepire e progettare l'ambiente costruito.

L'obiettivo del workshop è stato offrire al gruppo
dei cinque partecipanti, costituto da architetti, artisti e ricercatori,
gli strumenti necessari per realizzare opere video di qualità a
prescindere dalla formazione o esperienza pregressa di ognuno.
Il programma si è quindi strutturato intorno a tre contributi
fondamentali: quello teorico-critico di Barbara Penner, storica
dell'architettura e docente di studi umanistici presso la Bartlett

Architecture, University College London, who opened the session with a lecture on the subject of gender in the world of architectural design, feminist architecture, and domestic engineering; the artistic contribution of Jasmina Cibic, artist and performer, who tutored the participants following their activity throughout the workshop, supporting and guiding their aesthetic and expressive choices; and finally the contribution of Francesca Molteni, curator, film and documentary director and author, who offered the participants her know-how and technical-logistic expertise.

Along the streets, in public toilets, inside a church, in a prison, and even across the universe, the theme of the relationship between gender and space emerges from the five video works made during the workshop in all its complexity and universality, and testifies the marked social awareness, pragmatism and audacity of the new generations.

School of Architecture, University College London, che ha aperto la sessione con una lezione sul tema del genere nel mondo della progettazione, l'architettura femminista e l'ingegneria domestica; quello artistico di Jasmina Cibic, artista e performer, che in veste di tutor ha seguito il lavoro dei partecipanti lungo tutto il percorso supportando e guidando le loro scelte estetiche ed espressive; e infine quello di Francesca Molteni, curatrice, regista e autrice di film e documentari che ha messo a disposizione dei partecipanti il know-how e le conoscenze in ambito tecnico-logistico.

Nelle strade, nei bagni pubblici, in una chiesa, in una prigione e addirittura nell'universo, il tema del rapporto tra genere e spazio emerge dalle cinque opere video realizzate durante il workshop in tutta la sua complessità e universalità a testimonianza della spiccata consapevolezza sociale, del pragmatismo e dell'audacia che caratterizzano le nuove generazioni.

CHORUS

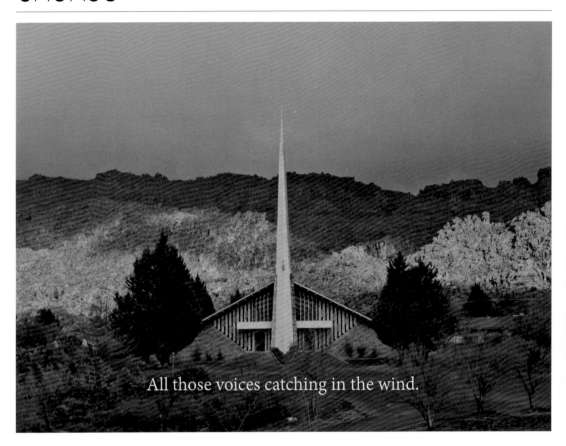

All those voices catching in the wind.

by Matty Roodt, Meghan Ho-Tong,
and Lucienne Bestall

In *Chorus*, the modernist architecture of the
Nederduitse Gereformeerde Kerk (Dutch
Reformed Church) on the mountains of
South Africa, is described through the sound
of a choir. In the video, a group of anonymous
and genderless voices breaks free from
the bodies of the congregation they belong
to and gain their own independence. Like
spirits out of control, the voices take over the
space of the church with their song and turn
themselves into matter: each vocal register
takes on a clear character and occupies
the space that suits it best. As the eye follows
the shape of the building, the ear listens
to the voices of the choir redesigning and
turning it into a musical score, reinterpreting
its austere and imposing character with
grace and estrangement.

Matty Roodt, Meghan Ho-Tong and Lucienne
Bestall, respectively an artist, an architect,
and a writer, live and work in Cape Town,
South Africa. Their collaborative practice
uses narrative filmmaking as a research
methodology to reflect on the gendered
power relationships alive in the built
environment.

Lucienne Bestall, Meghan Ho-Tong, Matty Roodt,
Chorus, 2021, video still. Courtesy Lucienne Bestall,
Meghan Ho-Tong, Matty Roodt

di Matty Roodt, Meghan Ho-Tong
e Lucienne Bestall

In *Chorus* l'architettura modernista della
Nederduitse Gereformeerde Kerk (Chiesa
riformata olandese), situata nelle montagne
del Sudafrica, viene narrata attraverso il
canto di un coro. Nel film un gruppo di voci,
senza identità né genere, si libera dai corpi
della congregazione a cui apparteneva
e conquista una propria autonomia.
Come spiriti sfuggiti al controllo, le voci
occupano gli spazi della chiesa con il loro
canto diventando esse stesse materia:
ogni registro vocale assume un carattere
definito e si impossessa degli spazi a
esso più consoni. Mentre l'occhio segue
le forme dell'edificio, l'orecchio ascolta
il coro di voci che lo ridisegna e lo trasforma
in una partitura musicale, reinterpretando
il suo carattere austero e dominante
con delicatezza e straniamento.

Matty Roodt, Meghan Ho-Tong e Lucienne
Bestall, rispettivamente artista, architetta e
scrittrice, vivono e lavorano a Città del Capo,
in Sudafrica. La loro pratica collaborativa
utilizza la cinematografia narrativa come
metodologia di ricerca per riflettere sulle
relazioni di potere di genere presenti
all'interno dell'ambiente costruito.

Lucienne Bestall, Meghan Ho-Tong, Matty Roodt,
Chorus, 2021, still da video. Courtesy Lucienne Bestall,
Meghan Ho-Tong, Matty Roodt

by Emma Hirsk

In between performance, sculpture, and experimental video, *(In) Mura* offers a critical interpretation of the controversial "architectural intimacies" of the *Långholmens Spinnhuset*, an old now-disused prison for women in Stockholm. In the video we see the artist outside the prison walls trying to release herself from the cage-sculptures that seem to fatally trap her, while a voiceover whispers partially incomprehensible words, perhaps the testimonies long guarded by those walls. The sense of frustration and constriction of the performance is a reference to the different physical and cultural impositions which women were often subject to and connects them with space, time, and memory.

Emma Hirsk is an artist and researcher whose work focuses on stories of conflict, geopolitics, hybrid identities, actively intersecting performance and materiality with democratic visions of space, culture, image and body.

Emma Hirsk, *(In) Mura*, 2021. Courtesy Emma Hirsk

di Emma Hirsk

A metà tra performance, scultura e sperimentazione video, *(In) Mura* offre un'interpretazione critica delle controverse "intimità architettoniche" della *Långholmens Spinnhuset*, un'antica prigione femminile di Stoccolma, ormai dismessa. Nel film si osserva l'artista fuori le mura della prigione che tenta di liberarsi dalle sue sculture-gabbia nelle quali sembra inesorabilmente intrappolata, mentre una voce fuori campo sussurra parole a tratti incomprensibili, forse testimonianze di cui quei muri sono ormai custodi. Il senso di frustrazione e costrizione della performance richiama le diverse imposizioni fisiche e culturali alle quali spesso le donne sono state sottoposte e le mette in connessione con lo spazio, il tempo e la memoria.

Il lavoro di Emma Hirsk, artista e ricercatrice, si concentra su storie di conflitto, geopolitica e identità ibride che mettono attivamente in relazione la performance e la materialità con visioni democratiche dello spazio, della cultura, dell'immagine e del corpo.

Emma Hirsk, *(In) Mura*, 2021. Courtesy Emma Hirsk

LAUNDRY DAY

by Edit Collective

In the UK, as in many other North-European countries, leases, apartment block administrations and real estate management companies do not allow residents to hang their washing in gardens or on balconies. In *Laundry Day* a group of young people hangs some washing along the streets of London and on the façades of prestigious institutions such as RIBA, the Royal Institute of British Architects. This demystifying and provocative performance aims to question the generally shared belief that domestic work, usually associated with women and the lower classes, should be out of sight in society because considered "dirty" and undignified.

Edit is a London-based womxn collective questioning the prejudices and the hierarchies that permeate the built environment. Edit's research activity focuses on architecture and on its capacity to influence and preserve gender and family roles.

Edit Collective, *Laundry Day*, 2021, video still.
Courtesy Edit Collective

di Edit Collective

Nel Regno Unito, come in molti altri paesi del Nord Europa, i contratti di locazione, gli amministratori di condominio e le società di gestione immobiliare non permettono che i condomini stendano ad asciugare il bucato nei giardini o sui balconi. In *Laundry Day* (giornata del bucato) si osserva un gruppo di ragazzi intenti a stendere il bucato per le strade di Londra o sulle facciate di prestigiose istituzioni come il RIBA (Royal Institute of British Architects). La performance, dissacrante e provocatoria, punta a mettere in discussione la convinzione generalmente condivisa secondo cui il lavoro domestico, solitamente associato alla donna e alle classi meno abbienti, debba essere celato agli occhi della società perché considerato "sporco" e indecoroso.

Edit è un collettivo di donne con base a Londra che intende mettere in discussione i pregiudizi e le gerarchie che permeano l'ambiente costruito. Le ricerche di Edit si concentrano sull'architettura e sulla sua capacità di influenzare e preservare i ruoli di genere e quelli familiari.

Edit Collective, *Laundry Day*, 2021, still da video.
Courtesy Edit Collective

LAVA(S)TORIES

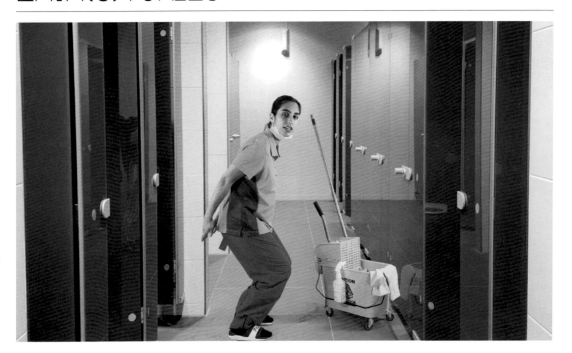

by fem_arc collective

Lava(s)tories highlights the daily challenges that women are forced to face in a world built for men. Voiceovers of women speaking in different languages tell different, paradoxical and grotesque experiences set in public toilets, that often do not meet their needs. The stories are shared by a restroom attendant who symbolically becomes the spokesperson of a common discomfort, underlining the importance and urgency of these issues. The objective of the video-performance is that of prompting a conversation on a more proper and suitable design of these spaces that are not yet sufficiently inclusive. The stories told in the video were collected on www.gossips.city, a website where people can share their experiences.

fem_arc is a Berlin-based collective of architects working on projects from an intersectional angle. Since 2018, the collective has been critically examining power structures in relation to space and the intersection of individual discrimination experiences based on gender, race, economic status, ability, queerness, and religion.

fem_arc, *Lava(s)tories*, 2021, video still.
Courtesy fem_arc

di fem_arc collective

Lava(s)tories mette in evidenza le sfide quotidiane che le donne sono costrette ad affrontare in un mondo costruito per gli uomini. Voci di donne fuori campo raccontano in lingue diverse le esperienze, paradossali e grottesche, vissute nei bagni pubblici spesso inadatti alle loro esigenze. Le storie vengono condivise da un'addetta alle pulizie che, facendosi simbolicamente portavoce di un disagio comune, ne mette in evidenza la gravità e l'urgenza. L'obiettivo della video-performance è quello di innescare una discussione su una più corretta e adeguata progettazione di questi spazi ancora troppo poco inclusivi. I racconti narrati sono stati raccolti sul sito www.gossips.city dove è possibile condividere la propria esperienza.

fem_arc è un collettivo di architetti con sede a Berlino che sviluppa progetti di tipo "intersezionale". Dal 2018, esamina in maniera critica le strutture di potere relative allo spazio e l'intersezione delle esperienze di discriminazione dovute a questioni di genere, razza, status sociale, capacità fisica, alterità sessuale, religione.

fem_arc, *Lava(s)tories*, 2021, still da video.
Courtesy fem_arc

MESSAGE (ACTS 1, 2 & 3)

by Regner Ramos

Message (Acts 1, 2 & 3) revolves around the concept of "binary system," be it numerical, cultural, or gender-related, highlighting its contradictions and inadequacies in a complex and non-binary reality as the one we live in. Inspiration for the film came from the *Mensaje de Arecibo*, a binary-coded message that was sent in 1974 to faraway galaxies carrying data about our planet and human beings, that were represented by a medium-height male individual. In the video this univocal message is counterbalanced by the one sent out by an imaginary group of castaways in search of the queer paradise island (Cüirtopia) and the message shared by a non-binary Puerto Rican performer trying to find a balance between his gender identity and the actual possibility of expressing it.

Regner Ramos is Associate Professor at the University of Puerto Rico School of Architecture, editor-in-chief of in*forma* journal, co-director of Wet-Hard Agency and co-editor of *Queer Sites in Global Context: Technologies, Spaces, and Otherness* (Routledge, London 2021). His project *Cüirtopia* is a mapping of LGBTQ spaces in Puerto Rico and the Caribbean.

Regner Ramos, *Message (Acts 1,2,&3)*, 2021, video still. Courtesy Regner Ramos

di Regner Ramos

Message (Acts 1, 2 & 3) ruota intorno al concetto di "sistema binario", sia esso numerico, culturale o di genere, mettendone in evidenza la contraddizione e l'inadeguatezza in una realtà non binaria e complessa come quella che viviamo. Il film prende spunto dal *Mensaje de Arecibo*, un messaggio in codice binario inviato nel 1974 a galassie lontane con lo scopo di fornire dati sul nostro pianeta e sul genere umano, rappresentato da un individuo di sesso maschile e di media altezza. A questo messaggio univoco all'universo, si contrappone quello, immaginario, di un gruppo di naufraghi alla ricerca dell'isola paradisiaca queer (Cüirtopia) e quello di un performer portoricano non-binario alla ricerca di un equilibrio tra la sua identità di genere e la reale possibilità di esprimerla.

Regner Ramos è professore associato presso la Scuola di architettura dell'Università di Porto Rico, caporedattore della rivista «in*forma*», codirettore della Wet-Hard Agency e coeditore di *Queer Sites in Global Context. Technologies, Spaces, and Otherness* (Routledge, London 2021). Il suo progetto *Cüirtopia* è una mappatura degli spazi LGBTQ a Porto Rico e nei Caraibi.

Regner Ramos, *Message (Acts 1,2,&3)*, 2021, still da video. Courtesy Regner Ramos

FRIDA ESCOBEDO.
UNSEEN

Invisible Architectures
Elena Motisi

When we look at a carpet, we immediately visualize a domestic
environment evoking the human interactions that characterize
it: the warmth, the comfort of the space that this object inhabits,
the smells, the intimacy, and often that "worn" quality that elicits
memories and melancholia. The textile architecture of *Unseen*
by Frida Escobedo[1] encapsulates all this and more: it tells the
story of Anni Albers' original project in its historical framework,
and also that of the Camino Real Hotel,[2] the project
that revolutionized the concept of hotel taking it from a social
organized place to a setting capable of expressing the living
dimension of a home. This work is also representative
of the figure of Anni Albers herself, "Josef Albers' wife,"[3]

1   Frida Escobedo (Mexico City, 1979) founded her eponymous firm in
Mexico City in 2006. Her repute, initially based on the numerous projects she carried out in
her own country, grew global in 2018, when she was commissioned to design the Serpentine
Pavilion in London, becoming the youngest architect commissioned for that project.
2   The Camino Real Hotel was designed by Ricardo Legorreta (Mexico
City, 1931–2011) for the 1968 Olympic Games and reflects a demand for progress and
modernity but also the need to represent Mexico's national and traditional character. Here
Legorreta took the modernist revolution that had been initiated by Luis Barragán to an
urban scale, confirming the collective aesthetic ideal of "Mexicanness" based on bright
colors and rigorous geometries.
3   Josef Albers (Bottrop, Germany 1888 – New Haven, Connecticut,
United States 1976) artist, theorist and teacher, he entered the Weimar Bauhaus in 1920
where he met his wife Anni (Annelise Elsa Frieda Fleischmann, 1899–1994) who entered
Bauhaus in 1922. See, Fox Weber, *Anni & Josef Albers. Equal and Unequal* (New York:
Phaidon, 2020).

Architetture invisibili
Elena Motisi

Quando guardiamo un tappeto, il nostro immaginario si proietta immediatamente all'interno di un ambiente domestico evocando la densità delle interazioni umane che lo caratterizzano, il calore e la comodità dello spazio che questo oggetto abita, gli odori, l'intimità, e spesso quel sapore di "vissuto" che accende memorie e malinconie. L'architettura tessile di *Unseen* realizzata da Frida Escobedo[1] sintetizza tutto questo e non solo: racconta il progetto originario dell'arazzo di Anni Albers nel momento storico in cui si colloca e anche la storia dell'albergo Camino Real[2], che ha rivoluzionato l'idea di hotel traghettandolo da spazio organizzato e sociale a luogo cui attribuire la dimensione abitativa di una casa. Allo stesso tempo quest'opera presenta la figura della stessa Anni Albers, "la moglie di" Josef Albers[3], «l'artista

1   Frida Escobedo (Città del Messico 1979) ha fondato lo studio eponimo a Città del Messico nel 2006. La sua reputazione, inizialmente costruita grazie a numerosi progetti realizzati nel suo paese natale, ha raggiunto portata globale nel 2018, quando Escobedo ha ricevuto l'incarico di progettare il Serpentine Pavilion di Londra, diventando la più giovane architetta incaricata per quel progetto.

2   L'albergo Camino Real è stato realizzato da Ricardo Legorreta (Città del Messico, 1931-2011) per i Giochi Olimpici del 1968 e risponde alla richiesta di progresso e modernità ma anche all'esigenza di rispecchiare il carattere nazionale e tradizionale del paese. Qui Legorreta porta la rivoluzione verso il moderno iniziata da Luis Barragán alla scala urbana, confermando l'ideale collettivo estetico – fatto di colori brillanti e geometrie rigorose – identificabile con la "messicanità".

3   Josef Albers (Bottrop, Germania 1888 - New Haven, Connecticut, Stati Uniti 1976) artista, teorico e insegnante, si unisce al Bauhaus di Weimar nel 1920 dove conosce la moglie Anni (Annelise Elsa Frieda Fleischmann, 1899-1994) che entra a farne parte nel 1922. Vedi: F. Weber, *Anni & Josef Albers. Equal and Unequal*, Phaidon, New York 2020.

Anni Albers, *Camino Real*, 1969, screenprint / serigrafia, 59,7 × 55,9 cm
The Josef and Anni Albers Foundation, inv. 1994.11.6. © 2023 The Josef and Anni Albers Foundation / Artist Rights Society. Photo / foto Tim Nighswander / Imaging4Art

artigiana»[4] riscoperta da Gropius, e la donna consacrata dal MoMA nel 1949[5] che affronta il progetto per Camino Real in un momento di cambiamento radicale della sua produzione.

Per il progetto di committenza del MAXXI Architettura legato a *Buone nuove*, la progettista invitata Escobedo sceglie di omaggiare una delle più audaci attrici del Bauhaus con un lavoro che riflette uno dei temi cardini della mostra, il dialogo tra pratiche contemporanee ed esperienze storicizzate[6]. *Unseen* è inoltre un'occasione per ragionare sull'invisibilità della figura femminile e sul tema del tempo come elemento chiave nella dimensione architettonica a partire da un arazzo carico di individualità e simbolo di una nuova modernità. Il *carpet* di Anni Albers, reinterpretato in chiave critica da Studio Escobedo, è caratterizzato da motivi geometrici che manifestano una chiara comprensione dei principi dell'architettura moderna e che al tempo stesso rimandano all'intimo contatto con l'artigianato della tessitura che ha reso celebre l'eroina del Bauhaus. Anni Albers fu l'unica artista donna[7] invitata a partecipare al progetto per Camino Real, un albergo che è riuscito a plasmare l'identità nazionale messicana e che è ritenuto un tassello chiave della sua storia politica. Con chiari riferimenti al lavoro di Paul Klee, gli universi caleidoscopici di Anni si ramificano e costruiscono vere e proprie opere architettoniche in cui estetica, graphic design e tensione emotiva dialogano: per Camino Real Anni rinuncia al lavoro al telaio rivelando tutta la sua maturità artistica attraverso un nuovo linguaggio.

4   Vedi: P. Rössler, *Bauhaus Mädels. A tribute to pioneering woman artist*, Taschen, Colonia 2019.

5   Mostra *Anni Albers Textiles*, New York, MoMA, 14 settembre - 6 novembre 1949.

6   L'installazione al MAXXI presenta la figura di Anni Albers attraverso il dialogo tra un disegno dell'artista del 1969 e una reinterpretazione critica dell'arazzo, mediato da un racconto video prodotto in occasione della mostra.

7   In questo contesto sono state commissionate numerose opere da esporre realizzate da Chucho Reyes, Alexander Calder, Pedro Friedeberg, Rufino Tamayo, Rodolfo Morales, Luis Covarrubias, Anni e Josef Albers.

the artist-artisan[4] discovered by Gropius, the woman MoMA celebrated in 1949,[5] and the artist who undertook the Camino Real project at a time of radical change in her production.

For the project commissioned by MAXXI Architettura for *Good News*, the invited architect Escobedo has chosen to pay homage to one of the boldest women of Bauhaus with a work reflecting on one of the core subjects of the exhibition, the dialogue between contemporary practices and historicized experiences.[6]

Unseen is also an occasion to reflect on the invisibility of women and on the subject of time as a key element in the architectural dimension, starting from an individuality-charged tapestry symbolizing a new modernity. Anni Albers' carpet, critically reinterpreted by Studio Escobedo, is characterized by geometrical motifs manifesting a clear understanding of the principles of modern architecture and also referring to the intimate connection with textile craftsmanship that brought fame to the Bauhaus heroine. Anni Albers was the only woman artist invited to participate in the Camino Real project,[7] a hotel that managed to shape Mexican national identity and that is considered a milestone in its political history. With clear references to the work of Paul Klee, Anni's kaleidoscopic universes branch out and form authentic architectural works in which aesthetics, graphic design, and emotive tension give rise to a dialogue: for Camino Real Anni gave up her loom work to reveal all her artistic maturity adopting a new language.

4   See Patrick Rössler, *Bauhaus Mädels. A tribute to pioneering woman artist* (Cologne: Taschen, 2019).

5   Exhibition *Anni Albers Textiles* (14 September – 6 November 1949), MoMA, New York.

6   The installation at MAXXI presents Anni Albers with a dialogue between a 1969 drawing by the artist and a critical reinterpretation of the tapestry, mediated by a video narrative produced for the exhibition.

7   In this context, numerous works were commissioned to be exhibited to Chucho Reyes, Alexander Calder, Pedro Friedeberg, Rufino Tamayo, Rodolfo Morales, Luis Covarrubias, Anni and Josef Albers.

Good News / Buone nuove, Exhibition view / Veduta della mostra. Rome / Roma, MAXXI, 2021-2022.
Photo / Foto Giorgio Benni, Courtesy Fondazione MAXXI

Nonostante questo, e contrariamente ai lavori di
molti dei suoi colleghi, l'arazzo di Anni subisce il trascorrere del
tempo: viene rimosso dall'albergo già negli anni ottanta durante
le numerose ristrutturazioni, per poi essere dimenticato in un
magazzino[8] come fosse un tessuto d'arredo e non un'opera.
Il passare del tempo porta anche all'affermazione degli arredi
industriali e standardizzati, ripristinabili e capaci di indebolire la
forza di un luogo che sfidò gli standard di un'epoca in cui il *carpet*
si poneva come un simbolo, un manifesto di una nuova modernità.
È una lotta contro l'invisibilità e il tempo quella perpetuata
dal *carpet* di Anni negli spazi dell'albergo: porta con sé tutte

8   Sarà ritrovato nel 2019 da Ignacio Pérez Cárdenas, Carla Zarebska
e Humberto Tachiquín.

Despite this, and unlike the works of many of her colleagues, Anni's tapestry was affected by the passage of time: it was removed from the hotel already in the 1980s, during the many renovations, and was forgotten in a warehouse[8] as if it were a piece of furnishing fabric and not a piece of art. The passage of time also marked the affirmation of industrial and standardized furnishings, replaceable and capable of erasing the force of a location that challenged the standards of its time, when the carpet was a symbol, a manifesto of a new modernity. Another struggle against invisibility and time was that undertaken by her carpet in the spaces of the hotel with all the heritage textiles carry with them and with the symbolic awareness of decadence contained in artisanal work. Albers' first large-scale work finds new force in the reconfiguration created by Frida Escobedo who regarding this project has affirmed that is its literally by unravelling what remains of the past that we can rethink the relationship between progress and development; craftsmanship and industrial production; identity and differentiation.

Unseen is a commissioned project by MAXXI with Studio Escobedo, curated by Elena Motisi, project team Iva Keselicova, Lorenza Sierra, Video Production: Bruno Ruiz, with the contribution of: Ana Elena Mallet, Carla Zarebska and Humberto Taquichín.
The digital print of Anni Albers's 1969 screenprint, *Camino Real*, was created for this exhibition with the permission of The Josef and Anni Albers Foundation © 2021 / Artists Rights Society (ARS), New York / SIAE, Italy.

8   It was found in 2019 by Ignacio Pérez Cárdenas, Carla Zarebska and Humberto Tachiquín.

le eredità del tessuto e simboleggia la coscienza della decadenza che il progetto artigianale accoglie. Il primo lavoro a grande scala di Albers assume oggi nuova forza nella riconfigurazione di Frida Escobedo che in occasione del progetto al MAXXI afferma: «È letteralmente sbrogliando ciò che resta del passato che possiamo ripensare il rapporto tra progresso e sviluppo; artigianato e produzione industriale; identità e differenziazione».

Unseen è un progetto di committenza MAXXI con Studio Escobedo, a cura di Elena Motisi, team di progetto Iva Keselicova, Lorenza Sierra, produzione video Bruno Ruiz, con il contributo di Ana Elena Mallet, Carla Zarebska e Humberto Taquichín.
La stampa della serigrafia di Anni Albers, *Camino Real*, 1969, è stata prodotta per la mostra con il permesso di The Josef and Anni Albers Foundation © 2021 / Artists Rights Society (ARS), New York / SIAE, Italy.

The Weave of Reparation.
The Story of a Carpet and its Two Lives

Ilaria Gaspari

This is a story of unseen presences, of palpable absences,
of comebacks revealing themselves through the silent erosions
of time. A story of patience and mystery, with an unexpected
happy ending—authentic good news.

This is the story of a carpet. A carpet that was woven
twice, that lived two lives—the first made immortal by the second.

This carpet's first life began at a troubled time.
Mexico City had been chosen for the Olympic Games of 1968,
but the price that was paid was high. The student revolts that
occurred about ten days before the opening, protesting against
the excessive expenses allocated by President Gustavo Díaz
Ordaz to build the sports facilities, were violently repressed,
with soldiers opening fire on the crowd. The number of victims
has never been disclosed and this episode is still an open wound.
The city changed its physiognomy not only due to the revolts but
also to the new constructions made for the occasion, buildings
whose existence is linked to those murderous events and that
are destined to outlive the clamor about the violent acts of
repression as well as the records that were broken by the athletes
competing at an altitude where oxygen is more powerful and
precious; buildings even destined to outlive the fading memory
of the Olympics over the following decades. The Mexican
author Guadalupe Nettel, who grew up in an apartment
building in the Olympic complex, wrote about that city inside
the city, so hidden and magnetic, almost a secret island, in her
autobiographical novel *The Body Where I Was Born*. One of the
buildings that were being erected while Mexico City prepared

La trama del riscatto.
Storia di un tappeto e delle sue due vite

Ilaria Gaspari

Questa è una storia di presenze nascoste, di assenze palpabili, di ritorni che si manifestano attraverso le silenziose erosioni del tempo. Una storia di pazienza e di misteri, con un inaspettato lieto fine: una gran buona notizia.

È la storia di un tappeto. Un tappeto intessuto due volte, che ha vissuto due vite: la seconda delle quali rende immortale la prima.

La prima vita del tappeto comincia in una stagione turbolenta. Città del Messico è stata scelta per ospitare le Olimpiadi del '68; ma il prezzo è alto. La sollevazione degli studenti che protestano, a una decina di giorni dall'apertura dei giochi, contro le spese esagerate che il presidente Gustavo Díaz Ordaz si è impegnato a sostenere per la costruzione degli impianti, viene sedata nel sangue. I soldati sparano ad altezza d'uomo. Il numero delle vittime non verrà mai divulgato; rimarrà una ferita aperta. La fisionomia della città non è mutata solo dalla rivolta, ma anche dalle nuove costruzioni, sorte per l'occasione, che a quella storia di sangue si intrecciano, destinate a sopravvivere al clamore della repressione violenta, a quello dei record polverizzati dagli atleti durante le gare disputate a un'altitudine tale che l'ossigeno si fa più potente e più prezioso; ma pure ai decenni successivi, quando il ricordo dell'Olimpiade sbiadirà. La scrittrice messicana Guadalupe Nettel, che ha vissuto la sua infanzia in un condominio del complesso olimpico, racconterà quella città nella città, nascosta e magnetica, quasi un'isola segreta, nel romanzo autobiografico *Il corpo in cui sono nata*. Fra le costruzioni che sorgono mentre Città del Messico si prepara ad accogliere i giochi,

itself to welcome the games, was a hotel that is still open today. I looked up pictures of it on Booking.com, I could have even made a reservation. I was tempted, even though I could certainly not afford an impromptu trip to Mexico now. But the carpet was guiding me: just by thinking about it, it became a magic wing carrying me far away, without having to actually book a room in the Camino Real Hotel, where perhaps, who knows, one day I will go.

When Ricardo Legorreta's studio in 1968 designed this hotel, this project was on the one hand a reaction to a longing for the future; on the other it tried to maintain through ingenious and innovative solutions, a strong connection with Mexico, its traditions, and identity. These same requests were the ones Anni Albers responded to when commissioned a work for the interior decoration of this hotel. Among the artists involved in the furnishing of the Camino Real Hotel, Albers was the only woman. Her contribution, pairing the inspiration offered by Mexican heritage with a passionate artistic research in the field of textiles that she had already been conducting over the course of her already long and glorious career, was a large carpet: one destined, for many years, to serve the purpose of being a hotel rug. The decades left traces in its weave, transforming it. Its fibers were permeated by the everyday life of a great international hotel, with small residues, imperceptible coffee and wine stains, crumbs, cigarette smoke, and small ember burns scorching the fabric. Countless feet walked on it, those of the hurried staff and of the laid-back guests. Years went by and the weave wore out recording the most common trajectories, the most beaten tracks.

This carpet's first life was a reserved one. A life of service, that apparently came to come to an end during one of the many renovations the Camino Real underwent, when Anni Albers' work was removed and forgotten in some dark warehouse, taking its signs of wear and its dust with it. It disappeared, as happens to those objects that in our hurried life we lose sight of. Like those useful, practical objects that habit erases. Like the work of women, a work that over the centuries has often been invisible, overlooked in the canons of genius: care, domestic work, work carried out by

c'è un hotel che è tuttora in servizio. Cerco le immagini su Booking.com, potrei addirittura prenotare una stanza; sono tentata di farlo, anche se non posso certo permettermi, adesso, così su due piedi, un viaggio in Messico. Ma è il tappeto a guidarmi; mi basta pensare al tappeto, che si trasforma in un'ala magica e mi permette di volare lontano, senza bisogno di prenotare sul serio una stanza all'hotel Camino Real dove pure, chissà, un giorno mi piacerebbe mettere piede. Lo prenderei come un segno del destino.

Quando lo studio di Ricardo Legorreta, nel 1968, progetta l'albergo, reagisce da un lato a una domanda famelica di futuro; dall'altro cerca di mantenere, con soluzioni ingegnose e innovative, il forte legame con il Messico, con le tradizioni e l'identità del luogo. A queste stesse richieste risponde anche Anni Albers, che riceve l'incarico di partecipare con una sua opera alla decorazione dell'albergo. Fra gli artisti coinvolti nell'impresa di arredare il Camino Real, Albers è l'unica donna. Il suo contributo, che coniuga l'ispirazione offerta dalla tradizione messicana con l'appassionata ricerca artistica nel campo della tessitura che ha condotto nel corso della sua già lunga e gloriosa carriera, è appunto un grande tappeto: destinato a vivere, per molti anni, una vita da tappeto d'hotel. Le tracce dei decenni si imprimono nella trama, lo trasformano. Nelle sue fibre si insinua la vita quotidiana di un grande albergo internazionale sotto forma di minuscoli detriti, di impercettibili macchie di caffè o di vino, di briciole e fumo di sigaretta, di piccole bruciature che strinano il tessuto dove cade un frammento di brace ancora accesa. E intanto, innumerevoli paia di piedi lo calpestano, lo schiacciano le suole frettolose del personale, quelle più indolenti degli ospiti. Gli anni passano e l'usura della trama mantiene la traccia delle traiettorie più frequentate, dei passi più calcati.

È una vita umbratile, questa prima vita del tappeto. Una vita di servizio, che sembra concludersi quando, durante una delle molte ristrutturazioni a cui viene sottoposto il Camino Real, l'opera di Anni Albers scompare, inghiottita in un oscuro magazzino, con i suoi segni d'uso, la polvere degli anni passati. Scompare, come succede agli oggetti che nella fretta del vivere non vediamo più; come quegli oggetti utili, pratici, che l'abitudine

the hotel waitresses, or handcraft work, like that required in the weaving of a carpet; unrecognized, unpaid work; work that took hours, days, years of life, carried out behind the scenes of what was happening on the great stage of progress, culture, and art. Towards the mid-1970s, when the *Wages for Housework* movement started, led among others by Silvia Federici, women's awareness regarding the import and value of their toil made a leap forward: "Requiring a salary for domestic work does not mean that if they pay us we will continue doing it. It means the exact opposite. Saying we want a salary for domestic work is the first step towards rejecting it, because the request of a salary makes our work visible. And this is the essential condition to start fighting against it, in its most immediate aspect of domestic work and in its more insidious character of femininity," wrote Federici in her pamphlet *Salario contro il lavoro domestico* [*Wages against domestic work*] speaking out for the endless silence of generations of women whose toil have been entirely devoted to a long chain of committed dedication, unrecognized service, and invisible work. And meanwhile, as women obeyed, men were conquering the world and reaching the peaks of human intelligence, just as described in the tremendously effective words of a truly brilliant woman, Simone de Beauvoir, in an essay of 1947 entitled *Femininity: The Trap*: "Geniuses are exceptional people who dared, in specific instances, what no one dared before them. This in itself presupposes solitude and pride. Presupposes that they did not anxiously search the faces of others in order to discover approbation or blame but looked courageously toward still unsuspected horizons. Education— the whole world, in fact—teaches women timidity. That is the reason they ordinarily lack the seed of folly, the mixture of humor and pathos found among certain men who have been known to lift themselves above the ordinary run of humans in order to judge and dominate humanity."

We must not forget, on the other hand that the carpet was designed by one of the most important, most original, and ultimately most popular artists of Bauhaus; yet, Anni Albers, regardless of all the revolutionary accomplishments and exciting achievements of her career, was never officially admitted in

cancella. Come, nei secoli, tante volte è scomparso, si è fatto invisibile, incalcolato nei canoni del genio, il lavoro delle donne: lavoro domestico, lavoro di cura, come quello delle cameriere dell'hotel; lavoro artigiano, come quello che serve per intrecciare un tappeto. Lavoro non riconosciuto, né retribuito. Lavoro che ha assorbito ore, giorni, anni di vita, dietro le quinte di quello che accadeva sul grande palco del progresso, della cultura, dell'arte. Verso la metà degli anni settanta, quando prenderà vita il movimento per il lavoro domestico salariato *Wages for Housework*, capitanato fra le altre da Silvia Federici, la consapevolezza femminile del peso e del valore della propria fatica avrà ormai fatto un balzo in avanti: «Chiedere il salario per il lavoro domestico non significa dire che se ci pagano continueremo a farlo. Significa esattamente il contrario. Dire che vogliamo salario per il lavoro domestico è il primo passo per rifiutarlo, perché la richiesta di salario rende visibile il nostro lavoro. E questa è la condizione indispensabile per cominciare a lottare contro di esso, sia nel suo aspetto più immediato di lavoro domestico che nel suo carattere più insidioso di *femminilità*», scriverà Federici nel pamphlet *Salario contro il lavoro domestico*, facendosi portavoce dello sterminato silenzio di generazioni di donne le cui fatiche erano state consacrate per intero a una lunga catena di devoto accudimento, di servizio non riconosciuto, di lavoro invisibile. E intanto, mentre le donne obbedivano, gli uomini conquistavano il mondo e le vette del genio. Come ebbe a riassumere, con efficacia quasi spaventosa, una donna a tutti gli effetti geniale, Simone de Beauvoir, in un suo saggio del 1947 che si intitola *La femminilità, una trappola:* «I geni sono creature eccezionali che in circostanze specifiche hanno osato ciò che nessuno aveva mai osato prima. Cosa che di per sé presuppone solitudine e fierezza. Presuppone che non si cerchi con ansia lo sguardo degli altri per capire se esso racchiuda approvazione o biasimo, ma che si guardi con coraggio verso orizzonti ancora insospettabili. L'educazione – il mondo intero, di fatto – insegna alle donne la timidezza. Questo è il motivo per cui di solito non hanno quel pizzico di follia, quel connubio di ironia e poesia che troviamo in certi uomini, famosi per essersi elevati al di sopra del destino comune per giudicare e dominare l'umanità».

the architecture firm. Despite having actively frequented Bauhaus, under the guidance of Georg Muche and then of Johannes Itten she had to abide by the rule that excluded women from specific disciplines that were taught inside the school, including architecture: the choice of working with textiles was inevitable after she was excluded from a workshop directed by the man who would later become her husband, Josef Albers. But this choice due to lack of alternatives was illuminated by Anni's talent and proved a productive and successful one.

In 2019 Anni Albers' carpet reappeared from out of nowhere from one of the hotel's warehouses, discovered by Carla Zarebska, Ignacio Pérez Cárdenas, and Humberto Tachiquín. Its second life was about to begin.

And this second life of the carpet has a name, or rather a title, because it is a work of art: *Unseen*. Ideally, this is the final movement of a liberating and joyous exhibition, as its title *Good News* suggests. The weave of the invisible and overlooked work is unraveled and rewoven in the work of Frida Escobedo, the internationally renowned Mexican architect who critically and symbolically reinterprets the original piece.

This is why the second life of this carpet appears so exciting, looking at it from this angle; recalling it, while keeping well in mind Silvia Federici's words of regarding the too long unseen work of women, centuries of sacrifices that finally, in the world of today, despite its present several shadows, have been acknowledged. Today the role of women is no longer one of subordination. Today, the second life of Albers' carpet is set in a space and a context that give us an idea of the huge progress that has been made over the last one hundred and fifty years towards women's freedom. The *Good News* display brings together voices of women who ultimately for chronological and geographical reasons have never had the chance to meet in real life, but who in this context interlace conversations, answering each other. There is Signe Hornborg, who in Finland, in 1890 was the first woman to graduate in architecture thanks to a "special student" authorization granted by the university; there is Elizabeth Diller's epochal installation *Bad Press* with its provocative and irreverent

Non bisogna dimenticare, d'altra parte, che a progettare il tappeto è stata una delle artiste più importanti, più originali e in ultima analisi più conosciute del Bauhaus; eppure persino lei, persino Anni Albers, malgrado gli approdi rivoluzionari e le conquiste esaltanti della sua carriera, non è mai stata ammessa ufficialmente allo studio dell'architettura. Benché avesse frequentato attivamente il Bauhaus, sotto la guida di Georg Muche prima e poi di Johannes Itten, dovette sottostare alla regola che escludeva le donne da specifiche discipline insegnate all'interno della scuola, fra cui appunto l'architettura: la scelta di intraprendere la via della tessitura le fu imposta, quando si trovò esclusa da un laboratorio diretto dall'uomo destinato a diventare suo marito, Josef Albers. Ma la scelta obbligata, illuminata dal talento di Anni, si rivelò nonostante tutto feconda e felice.

Il tappeto di Anni Albers riemerge dalle profondità di un magazzino dell'albergo nel 2019, ritrovato da Carla Zarebska, Ignacio Pérez Cárdenas e Humberto Tachiquín. Lo aspetta una seconda vita.

E questa seconda vita del tappeto ha un nome, anzi un titolo, perché è un'opera d'arte: *Unseen*. Idealmente, è il movimento conclusivo del percorso di una mostra liberatoria e allegra fin dal titolo, *Buone nuove*. La trama del lavoro invisibile e non visto viene sbrogliata e tessuta daccapo nell'opera di Frida Escobedo, progettista messicana di fama internazionale che criticamente, simbolicamente, reinterpreta l'originale.

È per questo che la seconda vita del tappeto è così esaltante, a scrutarla oggi attraverso questa lente. A rievocarla mantenendo ben fisse nella memoria le parole di Silvia Federici sul lavoro femminile, troppo a lungo non riconosciuto; secoli di sacrifici che finalmente, nel mondo di oggi, che pure rivela ancora tanti punti oscuri, sono riscattati. Oggi il ruolo delle donne non è più un ruolo di subordinazione. Oggi, la seconda vita del tappeto di Albers ha un luogo, un contesto, che ci danno la misura – immensa – del cammino percorso negli ultimi centocinquant'anni, dalla e per la libertà delle donne. Nell'allestimento di *Buone nuove* si intrecciano voci di donne che di fatto, per ragioni cronologiche e geografiche, non si sono potute incontrare nella vita reale,

spirit attacking a white shirt, the symbol of a businessman's role and authority—with the task of ironing it invariably entrusted to female care, and in this case reversed—; and there are Benedetta Tagliabue's cardboard, wire, and fabric conceptual models.

What shines through this exhibition display is excellent news: the landscape of international architecture, a world that until not too long ago was inaccessible to women, is today populated by women architects, with their intuitions and the courage with which they look at previously unsuspected horizons, to quote Simone de Beauvoir's words on geniuses, a role that for too long could only and universally be interpreted by men. These women who in the exhibition design by Matilde Cassani, who had the poetic and highly effective idea of creating all-women imaginary dinner party tables, converse at different levels: there are the *Stories* laid out along the tables that trace with brief and exact biographies (thanks to the accurate work of Pippo Ciorra, Elena Motisi, and Elena Tinacci) a vast and open archive of women in architecture since 1890; there are the *Practices*, eleven exemplary cases that show the unfolding of architectural design in the world of today across different countries, histories, and geographies; there are the *Narratives* and the *Visions*, that open new points of view, analyses and proposals to investigate how women occupy, imagine and design space. There are pioneers and stories that still await to be written; lives and spaces to be discovered and dreamed of, in a boundless dialogue creating a connection between past and present, and a future still to be invented, based on collective effort, mutual support, and the courage and forwardness underpinning these women's stories.

eppure ordiscono conversazioni a distanza, si rispondono a vicenda. C'è Signe Hornborg, la prima donna al mondo a laurearsi in architettura, in Finlandia, nel 1890, grazie a uno status di "studentessa speciale" concesso dall'università. C'è l'epocale installazione *Bad Press*, pensata da Elizabeth Diller con uno spirito provocatorio e irriverente che si accanisce sulla camicia bianca, simbolo del ruolo e dell'autorevolezza dell'uomo d'affari – e del lavoro di stiratura appaltato invariabilmente alla cura femminile, e qui ribaltato – e ci sono i modelli concettuali, in cartone, fil di ferro e tessuto di Benedetta Tagliabue.

Quel che rifulge in questo itinerario è un'ottima notizia: il panorama dell'architettura internazionale, un mondo che fino a non troppo tempo fa alle donne era precluso, è oggi popolato di architette, con le loro intuizioni e il coraggio con cui guardano verso orizzonti prima insospettabili, per citare le parole di Simone de Beauvoir sulla genialità troppo a lungo appannaggio di un maschile universale. Queste donne, nell'allestimento progettato da Matilde Cassani, che ha avuto l'idea poetica ed efficacissima di creare tavolate immaginarie per una festa tutta femminile, conversano a diversi livelli: ci sono le *Storie* disposte lungo i tavoli che tracciano, con biografie snelle e precise (grazie alla cura minuziosa di Pippo Ciorra, Elena Motisi, Elena Tinacci), un archivio vasto e aperto delle presenze femminili nell'architettura a partire dal 1890; ci sono le *Pratiche*, undici casi esemplari che mostrano il declinarsi dell'attività di progettazione nel mondo di oggi, attraversando trasversalmente paesi, storie e geografie; ci sono *Narrazioni* e *Visioni*, che aprono punti di vista, analisi e proposte per indagare il modo in cui le donne occupano, immaginano, progettano lo spazio. Ci sono pioniere e storie ancora da scrivere; vite e spazi da scoprire, da sognare, in un dialogo inesausto che mette in comunicazione il passato con il presente, e con un futuro da inventare, anche grazie alle fatiche collettive, al sostegno vicendevole, all'ardimento e alla baldanza che le storie di queste donne ci raccontano.

THE EXHIBITION SET UP AT MAXXI
L'ALLESTIMENTO AL MAXXI